Zlata Filipović

ICH BIN EIN MÄDCHEN AUS SARAJEVO

Zlata Filipović

ICH BIN EIN MÄDCHEN AUS SARAJEVO

Gustav Lübbe Verlag

Keine Spur von Mama. Papa und ich
waren verzweifelt. War Mama noch am Leben?
Um vier Uhr hat Papa beschlossen,
ins Krankenhaus zu fahren, um sie zu suchen.
Er hat sich angezogen, um loszugehen,
und ich wollte zu Bobars gehen, damit ich nicht
alleine zu Hause wäre. Ich hab ein letztes Mal
aus dem Fenster geguckt und dann...
HABE ICH MAMA GESEHEN, WIE SIE ÜBER
DIE BRÜCKE RANNTE! Als sie in der Wohnung war,
hat sie angefangen zu zittern und zu weinen.

27. Mai 1992

Montag, 2. September 1991

Hinter mir ein langer, warmer Sommer, Ferientage, an denen man an nichts denken muß, und vor mir ein neues Schuljahr. Ich komme in die fünfte Klasse. Ich kann es kaum erwarten, meine Klassenkameraden wiederzusehen, wieder mit ihnen zusammenzusein, in der Schule und auch sonst. Einige hab ich seit dem letzten Läuten der Schulglocke vor den Ferien nicht mehr gesehen. Ich freu mich, wir werden wieder über die Schule reden und uns unsere kleinen Sorgen und großen Freuden erzählen können.

Minra, Bojana, Marijana, Ivana, Maša, Azra, Minela, Nadža – wir sind wieder alle zusammen.

Dienstag, 10. September 1991

Eine Woche ist vergangen, wir haben uns Bücher, Hefte und Schreibsachen besorgt und uns von unseren Ferien am Meer, in den Bergen, auf dem Land und im Ausland erzählt. Wir sind alle irgendwohin gefahren, und da haben wir jetzt natürlich viel zu erzählen.

Donnerstag, 19. September 1991

Auch die Musikschule geht wieder los. Zweimal in der Woche: Klavierstunde und Solfeggio [Gesang und Notenlehre]. Und die Tenniskurse haben wieder angefangen, ich bin jetzt in der »Großengruppe«. Mittwochs hab ich Privatunterricht in Englisch bei »Tante« Mika. Und dienstags Chor. So viele Pflichtsachen. Und jeden Tag sechs Stunden Schule, außer freitags. Aber ich schaff das schon...

Montag, 23. September 1991

Ich weiß nicht mehr, ob ich schon vom Unterricht in Technik erzählt habe. Das ist ein neues Fach, das man in der Fünften anfängt. Unsere Lehrerin heißt Jasmina Turajlić, und ICH MAG SIE SEHR GERN. Wir lernen etwas übers Holz, über seine Struktur und was man damit macht, das ist nicht schlecht. Bald kommen auch praktische Übungen, wir werden kleine Sachen aus Holz und anderen Materialien bauen. Das wird interessant.

Das mündliche Abfragen in Geschichte, Erdkunde und Biologie fängt auch an. Büffeln!

Freitag, 27. September 1991

Ich bin ziemlich geschafft von der Schule nach Hause gekommen. Eine harte Woche. Morgen ist Samstag, und ich kann so lange schlafen, wie ich will. ES LEBE DER SAMSTAG! Morgen abend bin ich allerdings »besetzt«. Ivana Varunek hat morgen Geburtstag. Ich hab heute »die Einladung« bekommen. Was daraus geworden ist, erfahren Sie in der nächsten Folge...

Sonntag, 29. September 1991

Es ist elf Uhr. Eigentlich ist Ivanas Geburtstag heute, aber sie hat ihn gestern gefeiert. Es war super. Wir haben kleine Croissants gegessen, Chips, Sandwichs und – das Wichtigste – die Torte. Wir waren nicht nur Mädchen, es waren auch Jungs eingeladen. Wir haben einen Tanzwettbewerb veranstaltet, und ich habe gewonnen. Als Preis hab ich ein kleines »Schmuckkästchen« bekommen. Es war ein richtig schöner Geburtstag.

Sonntag, 6. Oktober 1991

Ich gucke mir auf MTV die amerikanischen Top 20 an. Ich kann mir unmöglich merken, wer gerade auf welchem Platz ist.

Ich fühle mich super, weil ich eine PIZZA »Vier Jahreszeiten« gegessen habe, mit Schinken, Käse, Ketchup und Champignons. Sie war köstlich. Papa hatte sie bei »Galija« für mich gekauft [eine Pizzeria in Zlatas Viertel]. Das ist bestimmt auch der Grund, warum ich nichts von der Rangliste behalten habe, ich war zu sehr mit meiner Pizza beschäftigt.

Ich kann alle meine Lektionen, morgen in die Schule zu gehen ist ein KINDERSPIEL, keine Gefahr, daß ich schlechte Noten einkassiere. Ich habe übrigens auch gute Noten verdient, denn ich hab das ganze Wochenende über gelernt. Ich bin nicht mal in den Park runtergegangen, um mit meinen Freundinnen zu spielen. Seit einigen Tagen ist schönes Wetter, und meistens spielen wir »Ball für die Gefangenen«, reden und ziehen durch die Gegend. Wir haben einfach Spaß.

Freitag, 11. Oktober 1991

Ein anstrengender Tag, aber ein Triumph. Klassenarbeit in Mathe: Eins. Schriftliche Hausaufgaben in Serbokroatisch: Eins. Mündliche Prüfung in Biologie: Eins. Ich bin kaputt, aber glücklich.

Wieder ein Wochenende vor mir. Wir fahren nach Crnotina (das ist unser Anwesen gut fünfzehn Kilometer von hier: ein großer Obstgarten und mittendrin ein 150 Jahre altes Haus – es steht unter Denkmalschutz. Papa und Mama haben es restauriert). Großvater und Großmutter sind noch dort. Ich freu mich darauf, sie zu sehen, auch Vildana und Ati [ihren Hund], ich hab Lust auf frische Luft und schöne Natur. Ich werde bestimmt gut schlafen!!!

Sonntag, 13. Oktober 1991

Es war Klasse in Crnotina. Unser Haus (es ist wirklich ungewöhnlich) und die Natur drumherum finde ich immer schöner. Wir haben Birnen und Äpfel gepflückt, Nüsse gesammelt und ein kleines Eichhörnchen gemalt, das seelenruhig Nüsse stibitzte, und abends haben wir gegrillt. Ich bin Spezialist für »čevapčici«, Hackfleischbällchen. Großmutter hat einen Apfelstrudel für uns gemacht. Ich hab alle möglichen Blätter für unser Herbarium gesammelt, und ich hab mit Ati gespielt.

Auf den Sommer folgt schon der Herbst. Langsam, aber sicher färbt sich die Natur. Die Blätter werden gelb, dann rot, dann fallen sie. Die Tage sind kürzer, es ist kälter. Was für eine schöne Jahreszeit der Herbst ist! Eigentlich sind ja alle Jahreszeiten schön. Nur fällt mir das in der Stadt nicht auf. Die Natur und ihre Schönheit genieße ich nur in Crnotina. Dort duftet die Natur, sie streichelt mich und ruft nach mir, will mich in ihre Arme schließen. Ich hab mich mit ihr und all ihren Schönheiten gut erholt.

Samstag, 19. Oktober 1991

Ein grauenvoller Tag gestern. Wir wollten auf die Jahorina (das schönste Gebirge der Welt) hoch und dort das Wochenende verbringen. Als ich von der Schule nach Hause kam, fand ich Mama in Tränen aufgelöst, und Papa war in Uniform. Ich bekam einen Kloß im Hals, als Papa mir sagte, daß er zu seiner Reserveeinheit bei der Polizei muß, weil man ihn einberufen hat. Ich hab mich heulend an ihn gedrückt, ich hab ihn angefleht, nicht fortzugehen, bei uns zu bleiben. Papa hat gesagt, daß er gehen muß. Er ist gegangen, und wir beide, Mama und ich, sind alleine gewesen. Mama hörte nicht auf zu weinen und hat die Freunde und die Verwandten angerufen. Sie sind sofort alle gekommen (Slobo, Doda, Keka, Mamas Bruder Braco, Tante Melica und ich weiß nicht mehr wer noch). Sie sind alle gekommen, wollten uns trösten und uns helfen. Keka hat mich für die Nacht zu Martina und Mateja gebracht. Als ich am nächsten Morgen aufgewacht bin, hat Keka mir gesagt, daß alles gut wird und Papa in zwei Tagen zurückkommt.

Ich bin wieder nach Hause gegangen, Melica ist bei uns, und es sieht so aus, als ob alles wieder in Ordnung kommt. Papa müßte übermorgen zurückkommen. Gott sei Dank!

Dienstag, 22. Oktober 1991

Es sieht so aus, als ob wirklich alles wieder in Ordnung kommt. Papa ist gestern zurückgekommen, genau an seinem Geburtstag. Übermorgen wird er wieder wegmüssen, und so wird das alle zwei Tage sein. Zehn Stunden Wache. Da werden wir uns dran gewöhnen müssen. Aber das wird bestimmt nicht lange dauern. Was das soll, weiß ich nicht. Einige Reservisten aus Montenegro sind nach Herzegowina gekommen. Warum, und was wollen sie da? Das ist alles Politik, und von Politik versteh ich nichts. Wird der Krieg nach Slowenien und Kroatien jetzt auch in Bosnien-Herzegowina losgehen?... Nein, das ist unmöglich.

Mittwoch, 23. Oktober 1991

In Dubrovnik ist jetzt wirklich Krieg. Schreckliche Bombenangriffe. Die Leute sind in Schutzräumen, ohne Wasser, ohne Strom, und die Telefonleitungen sind unterbrochen. Im Fernsehen sieht man fürchterliche Bilder. Papa und Mama machen sich große Sorgen, es geht doch nicht, daß man zuläßt, daß eine so wunderschöne Stadt zerstört wird. Sie hängen besonders an ihr. Sie haben dort im Fürstenpalast mit einer Gänsefeder das JAWORT zu ihrem künftigen Zusammenleben geschrieben. Mama sagt, daß Dubrovnik die schönste Stadt der Welt ist und daß sie auf keinen Fall zerstört werden darf!

Wir machen uns Sorgen um Onkel Srdjan (er arbeitet und lebt in Dubrovnik, aber seine ganze Familie ist in Sarajevo) und auch um seine Eltern. Wie halten sie das aus, was da passiert? Sind sie überhaupt noch am Leben? Über Funkamateure haben wir versucht, sie zu erreichen, ohne Erfolg. Bokica (Srdjans Frau) ist am Verzweifeln. Wir machen alles, um etwas zu erfahren, aber es kommt nichts dabei heraus. Dubrovnik ist von der Welt abgeschnitten.

Mittwoch, 30. Oktober 1991

Eine gute Nachricht. Meine Klavierlehrerin hat mir gesagt, daß es bald in der Schule ein kleines Konzert gibt, und daß ich spielen werde!!! Ich werde viel üben müssen. Ich spiele sechs Variationen zu einem slowakischen

Lied von Kabalevski. Die Stücke sind kurz, aber schwierig. Aber das macht nichts, ich werde mich anstrengen.

In der Schule nichts Neues, das Quartal geht zu Ende, und es hagelt Schulaufgaben. Die Tage werden kürzer und es ist kälter, und das bedeutet, daß es bald schneien wird – JUPPIE! Rauf auf die Jahorina, Skifahren, Sessellifte, Schlepplifte – wenn es nur schon soweit wäre!!! Ich hab mich ein bißchen früh um alles gekümmert, wir haben schon die Skipässe für die ganze Saison. Ich werd mich wohl gedulden müssen.

Dienstag, 5. November 1991

Ich komme gerade vom Chor zurück. Meine Stimme ist weg. Aber was für eine Neuigkeit! Unsere Chorleiterin hat uns angekündigt, daß wir bald ein Konzert geben werden. Wir werden »Nabucco« singen, das »Ave Maria«, »Kad ja podjoh na Bentbašu – Als ich zum Bentbasch ging«, »Tebe pojem – Ich besinge Dich« und »Ode an die Freude«. Wunderschöne Lieder.

Freitag, 8. November 1991

Ich packe gerade meine Sachen, und auch Dich, mein Tagebuch, nehme ich mit. Ich verbringe das ganze Wochenende bei Martina und Mateja (M&M). Super!!! Mama hat ja gesagt. Meine Schulbücher, den Schlafanzug, die Zahnbürste und so weiter hab ich schon in meinen Rucksack gestopft. Jetzt mußt nur noch Du hinein, und dann geht's los. CIAO!!!

Sonntag, 10. November 1991

Es ist halb fünf nachmittags, und ich komme gerade von M&M zurück. Es war einfach göttlich. Wir haben Tennis gespielt, MTV, RTL und SKY... geguckt, wir sind rausgegangen, spazieren gewesen – wir haben viel Spaß gehabt! Ich hatte Dich immer dabei, mein liebes Tagebuch, aber ich hab nichts aufgeschrieben. Du bist doch nicht böse?

Meine Hausaufgaben hab ich gemacht. Ich werd in die Badewanne gehen, fernsehen, und dann ab ins Bett. Ein Wochenende wie alle anderen – Klasse.

Dienstag, 12. November 1991

In Dubrovnik wird es immer schlimmer. Wir haben es geschafft, über Funkamateure herauszubekommen, daß Srdjan lebt und daß es ihm gutgeht, und seinen Eltern auch. Was man im Fernsehen sieht, ist schrecklich. Die Leute haben Hunger. Wir suchen nach einer Möglichkeit, Srdjan ein Paket zu schicken. Das wird bestimmt über die Caritas gehen. Papa tut weiter seinen Reservedienst. Er kommt immer müde nach Hause. Wann hört das alles auf? Papa meint, bestimmt nächste Woche. Gott sei Dank.

Donnerstag, 14. November 1991

Papa ist fertig mit seinem Reservedienst. Juppiie!!!... Jetzt können wir das Wochenende auf der Jahorina und in Crnotina verbringen. Außer daß es seit einiger

Zeit Benzinprobleme gibt. Papa steht oft stundenlang an, fährt in die Umgebung, um welches aufzutreiben, aber oft kommt er mit leeren Händen zurück.

Gemeinsam mit Bokica haben wir Srdjan ein Paket geschickt. Durch den Funk wissen wir, daß sie nichts zu essen haben. Und kein Wasser. Srdjan hat eine Flasche Whisky gegen fünf Liter Wasser eingetauscht. Wörter wie Ei, Apfel, Kartoffel sind für die Bewohner von Dubrovnik Fremdwörter geworden.

Krieg in Kroatien, Krieg in Dubrovnik, Reservisten in Herzegowina. Papa und Mama sehen ununterbrochen Nachrichten im Fernsehen. Sie machen sich Sorgen. Mama weint oft, wenn sie die schrecklichen Bilder sieht. Mit ihren Freunden diskutieren sie meistens über Politik. Was ist das, Politik? Ich kenne mich da nicht aus. Und außerdem interessiert mich das auch nicht besonders. Ich hab gerade »Midnight Caller« geguckt.

Mittwoch, 20. November 1991

Ich komme gerade aus der Musikschule. Ich hab mein kleines Konzert gegeben. Ich glaub, ich hab gut gespielt und mir Mühe gegeben. Ich hab nur zwei falsche Noten gespielt, die vielleicht gar nicht aufgefallen sind. Mateja war auch im Publikum. Ich war so nervös, ich bin völlig geschafft.

Mittwoch, 27. November 1991

Der 29. November steht vor der Tür. Nationalfeiertag. Papa und Mama werden einkaufen gehen, und alles sieht danach aus, als ob wir auf die Jahorina hochfahren, zu Jaca [Tante Jasna], JUPPIE!!! Wenn es doch schon soweit wäre. Da oben wird es wie immer sein – einfach göttlich und unvergeßlich.

Freitag, 29. November 1991

Wir sind auf der Jahorina. Jaca hat das Haus geheizt, und im Kamin brennt ein Feuer. Zoka [Tante Jasnas Mann] kocht wie immer Spezialitäten, und Papa diskutiert mit Božo (einem Freund und Kollegen von Papa) über Politik. Mama und Jasna reden auch mit, und wir, die Kinder (Branko, Svjetlana, Nenad, Mirela, Anela, Oga und ich), wir überlegen, was wir machen sollen: spazierengehen, spielen, im Fernsehen einen Film angucken oder uns ins SCRABBLE stürzen. Diesmal werden wir spielen. Da können wir uns jedesmal Scherze und Wortspiele ausdenken, die nur wir verstehen. Das Wetter ist kalt, aber strahlend schön. Ich bin so glücklich und fühl mich so wohl! All die leckeren Sachen, die man uns auf der Jahorina zu essen und trinken gibt, und die Stimmung. Und am Abend, die schönste Zeit, gehen Oga und ich als erste ins Bett, und wir unterhalten uns lange, ganz lange, bevor wir einschlafen. Wir reden, schmieden Pläne, erzählen uns unsere Geheimnisse. Heute abend haben wir über MTV und die neuen Clips geredet.

Montag, 2. Dezember 1991

Morgen ist mein Geburtstag. Mama backt die Plätzchen, die Torte und bereitet alles andere vor, denn bei uns gibt's immer ein großes Fest. Am Tag selbst, dem 3. Dezember, lade ich meine Freundinnen ein, und am Tag darauf die Verwandten und Freunde. Mama und ich bereiten eine Tombola und Quizspiele für die Kinder vor. Morgen werden wir den Tisch mit Gläsern, Desserttellern und Servietten mit kleinen roten Äpfeln decken. Mama hat alles in Pula gekauft. Die Torte wird die Form eines Schmetterlings haben und... elf Kerzen werden zum Ausblasen draufsein! Ich werd ganz tief Luft holen müssen, damit ich sie alle auf einmal ausblasen kann.

Dienstag, 3. Dezember 1991

Heute ist der große Tag: mein Geburtstag. Herzlichen Glückwunsch zum Geburtstag, Zlata!!! Aber leider bin ich krank. Ich hab eine Nebenhöhlenentzündung, und mir läuft Eiter durch den Hals. Eigentlich geht es mir nicht schlecht, aber ich muß trotzdem Antibiotika nehmen – »Penbritin« – und mir widerliche Tropfen in die Nase träufeln. Die brennen ganz fürchterlich. Das mußte natürlich gerade an meinem Geburtstag passieren. Mein Gott, mein Gott, ich hab wirklich kein Glück. (Ach komm, sei nicht so pessimistisch, so schwarz sieht alles auch nicht aus.)

Gut, in Ordnung, ich werde wieder gesund, und wir

werden später feiern, ich meine mit meinen Freundinnen, denn die »Großen« [die Freunde und die Verwandten] kommen trotzdem heute, um mir zum Geburtstag zu gratulieren. Und ich sitze hier im Nachthemd! Papa und Mama haben mir Sachen geschenkt, die mir sehr gefallen: ein Paar Ski von HEAD; neue Bindungen von TYROLIA und neue Stöcke. Super! Danke Mama, danke Papa!

Ein Teil der Gäste ist gerade gegangen, und ich bin ein bißchen müde. Ich höre jetzt besser auf zu schreiben, mir fällt nichts mehr ein. Gute Nacht.

Mittwoch, 4. Dezember 1991

Ich liege mit Dir, meinem Tagebuch, im Bett. Ein ganzer Tag im Bett liegt vor mir. Bimbilimbica [Zlatas Lieblingspuppe] langweilt sich auf dem Nachttisch, und Panda sieht sie ununterbrochen an... Dann soll er mal weitergucken.

Viertel vor acht. Ich bin immer noch im Bett und höre den Radau, den unsere Waschmaschine macht. Der Handwerker ist da. »Das arme alte Stück, es ist hundert Jahre alt.« Ich sollte sie eigentlich siezen. Der Handwerker ist wieder weg, und ich höre Michael Jackson, »Man in the Mirror«. Mir ist gerade eine verrückte Idee gekommen. Ich werde versuchen, in den Madonna-Fanclub zu kommen. Ich bin wirklich plemplem!

Donnerstag, 5. Dezember 1991

Ich bin sehr spät aufgewacht. Dann sind Azra, Minela und Bojana zu Besuch gekommen. Bojana feiert am Samstag ihren Geburtstag. Die hat's gut! WARUM MUSS ICH ABER AUCH KRANK SEIN? Schnief! Schnief!

Samstag, 7. Dezember 1991

Wochenende im Bett. Bojana feiert ihren Geburtstag, und ich kann nicht hingehen. Ich bin traurig. Ich schaffe es nicht mehr zu lesen und auch nicht mehr fernzusehen. Ich-will-gesund-werden!

Jeden Abend versuchen Papa und Mama, Srdjan anzurufen, aber es ist unmöglich, nach Dubrovnik durchzukommen. Dort herrscht wirklich Krieg. Ich hab Bilder von Dubrovnik im Fernsehen gesehen. Es ist schrecklich. Wir machen uns Sorgen um Srdjan und seine Familie. Mama hat es (mit einer Riesengeduld) geschafft, um elf Uhr abends eine Verbindung zu bekommen. Er hat Hunger und Durst, ihm ist kalt, sie haben keinen Strom, kein Wasser, nichts zu essen. Er ist traurig. Mama hat geweint. Aber was passiert denn da, und warum? Mein Gott, ist es denn möglich, daß dort Krieg ist? Dubrovnik zerfällt in Trümmer, die Menschen sterben. Das ist die traurige Wahrheit, leider. Paß gut auf dich auf, Srdjan, ich drücke dir die Daumen. Wir schicken dir bald noch ein Paket, über die Caritas.

Am Montag gehe ich zur »Tante« Mira [eine Ärztin] zu einer Kontrolluntersuchung. Ciao!

Montag, 9. Dezember 1991

Ich hab die Untersuchung hinter mir. Tante Mira hat gesagt, daß ich morgen wieder in die Schule kann. Suupeeer! Ich habe bei »KIKE« [einer Kinderboutique] eine neue graue Hose bekommen. Ich finde sie schön. Oh! Jetzt kommt Murphy Brown im TV. Das muß ich mir anschaun! Ciao...

Mittwoch, 11. Dezember 1991

Ich gehe wieder zur Schule. Wir lernen eine Menge Dinge, bald sind wir am Ende des Halbjahres. Morgen Matheprüfung. Ich muß noch lernen. Heute hab ich eine Eins in Geschichte bekommen. Samstag feiere ich (verspätet) meinen elften Geburtstag.

Samstag, 14. Dezember 1991

Heute hab ich mit elf Tagen Verspätung mit meinen Freundinnen meinen elften Geburtstag gefeiert. Man hätte glauben können, daß es der richtige Tag war. Es gab eine Tombola, Quizspiele und die Torte in Schmetterlingsform. Ich hab alle Kerzen auf einmal ausgeblasen. Wir haben viel Spaß gehabt. Wegen meiner Krankheit konnten wir nicht am 3. Dezember feiern, aber heute, das war auch schön. Also los, noch ein letztes Mal: Herzlichen Glückwunsch zum Geburtstag, Zlata, und sei in Zukunft an diesem Tag nicht mehr krank. Ach ja, das hab ich vergessen: ich hab ganz süße Nippsachen bekommen, die meisten von »Mélanie«

(das ist ein Geschäft, in dem wunderschöne kleine Geschenke für solche Gelegenheiten verkauft werden). Sie passen wunderbar zu all den anderen kleinen Sächelchen, die ich in meinem Zimmer habe.

Donnerstag, 19. Dezember 1991

In Sarajevo (das haben wir im Fernsehen gesehen) hat die Aktion »Hilfe von der Stadt Sarajevo für die Kinder von Dubrovnik« begonnen. Ins Paket für Srdjan haben wir auch ein schönes kleines Weihnachtspäckchen für ein unbekanntes Kind in Dubrovnik hineingetan: mit Bonbons, Schokolade, Vitaminen, einer kleinen Puppe, Büchern, Stiften, Heften – alles, was wir finden konnten, denn wir wollten dieses unbekannte Kind verwöhnen, das durch den Krieg nicht in die Schule gehen, nicht spielen, nicht das essen kann, was es mag, und sich nicht freuen kann, daß es ein Kind ist. Das kleine Paket ist hübsch, mit fröhlichen Farben. Ich hoffe, daß der, der es bekommt, sich freuen wird. Wir alle hoffen das. Ich hab auf eine kleine Karte, die wir dazugelegt haben, geschrieben, daß ich mir wünsche, daß der Krieg in Dubrovnik sehr bald aufhört.

Donnerstag, 26. Dezember 1991

Viertel vor sechs. Es ist lange her, daß ich mich Dir anvertraut habe, mein Tagebuch. Also, hör zu, ich erzähle Dir alles der Reihe nach: in meiner Klavierprüfung habe ich eine Zwei bekommen. In Solfeggio hab ich eine Eins, und auch eine Eins für den praktischen Teil, also die Gesamtnote »Sehr gut«. Super! Mirna ist genauso gut weggekommen wie ich. Ich habe ans »Sa^3« [Radioquiz] geschrieben, und man hat mir eine Eintrittskarte für die »Ninja Turtles« geschickt.

Gestern war Weihnachten. Wir sind zu M&M (Martina und Mateja) gegangen. Das war göttlich. Ein großer Tannenbaum, Weihnachtsgeschenke und natürlich das Festessen. Bokica und Andreja waren auch da. Und, große Überraschung... Srdjan hat uns aus Dubrovnik angerufen. Alle haben sich gefreut und waren gleichzeitig traurig. Wir hatten es gut im Warmen, mit all dem Weihnachtsschmuck und den Geschenken und mit dieser Unmenge von köstlichen Dingen zum Essen und Trinken. Und er, wie alle in Dubrovnik, sitzt mitten im Krieg. Srdjan, dieser Krieg wird zu Ende gehen, und dann werden wir alle wieder zusammensein! Halt durch, Srdjan!!!! Ich drück dir die Daumen, ganz fest, und auch allen anderen Leuten und allen Kindern in Dubrovnik.

Bald ist Neujahr. Die Stimmung vor diesem großen Fest ist anders als sonst. Papa und Mama haben nicht die Absicht, es besonders groß zu feiern, unsere Freunde und Verwandten auch nicht. Man spricht kaum darüber. Wegen des Kriegs in Dubrovnik? Oder weil sie Angst vor irgend etwas haben? Ich weiß es nicht, ich kapier das nicht. Mama hat gesagt, daß wir morgen den Tannenbaum schmücken.

Heute ist das letzte Mal Unterricht an der Musikschule. Und in der Schule?! Ich hoffe, überall eine Eins zu bekommen. YO, BABY, YO!, wie es in »The French Prince of Bel Air« heißt. Das ist eine meiner Lieblingssendungen spätabends. WOW... ich hab vielleicht lange geschwätzt! Guck dir bloß diesen Erguß an... WOW.

Noch eins: Morgen gehen wir mit der Schule ins Kino. Wir sehen »Der Ruf der Wildnis«. Das ist ein tolles Buch von JACK LONDON. Ich hoffe, der Film ist genauso gut. Ciao!!

Montag, 30. Dezember 1991

Wir haben den Tannenbaum geschmückt, und ich bin mit Mama einkaufen gegangen. Wir haben Geschenke für die Verwandten und die Freunde gekauft. Wir haben sie hübsch verpackt, für jeden eine Glückwunschkarte geschrieben, und ich hab die Päckchen unter den Baum gelegt. Das sieht sehr schön aus. Mama kocht alles mögliche, sie brät, sie knetet – es wird von allem etwas dasein. Aber ich habe irgendwie den Eindruck, wir werden das Neujahrsfest alleine verbringen, at home.

Mittwoch, 1. Januar 1992

So, es ist vollbracht: Ich habe das Neujahrsfest AT HOME WITH MY MUMMY AND DADDY gefeiert. Es war nicht schlecht, nur ein bißchen komisch. Frohes neues Jahr.

Wir waren ganz alleine, und das ist bestimmt der Grund, warum das Haus heute voller Gäste war. Wir hatten eine Menge Leute hier, die »Kleinen«, die »Großen« und auch die Verwandten. Wir haben Spaß gehabt.

Samstag, 4. Januar 1992

Gestern sind wir zur Jahorina hochgefahren. Es ist wirklich super da oben. Wir sind im Dunkeln Schlitten gefahren, haben Quatsch gemacht und Kniffel gespielt. Es war unheimlich schön! Wir haben nicht auf der Jahorina übernachtet, aber das macht nichts. Gestern abend kamen »Die Hexen von Eastwick« mit Cher, Michelle Pfeiffer, Jack Nicholson und noch einer Frau, ihr Name fängt mit S. an, Ssss... nein, ich weiß ihn nicht mehr. Noch eins: Zum neuen Jahr hat mir Jaca eine Mütze und Handschuhe mit Tupfen geschenkt. Süß! Süß!

Montag, 5. Januar 1992

Das Kino war wirklich eine Katastrophe. Ein Desaster! Wie wenn man Jordan auf NKO TV sehen würde. Zunächst einmal war der Film gar nicht »Der Ruf der Wildnis«, sondern »Mein Bruder Alex«. Gut, das geht ja noch, aber dann hat jemand angefangen, vom Balkon aus Kügelchen zu werfen und zu spucken. Und wer saß auf dem Balkon darunter, im ersten Rang? Zlata Filipović natürlich. Das hatte ich nun davon, daß ich mich auf den falschen Platz gesetzt habe.

Montag, 13. Januar 1992

M&M und Neda sind gerade gegangen. UHHH... ein harter Tag! Ich werd ins Bett gehen, es ist zehn nach elf. Ich lese »Ein Kapitän von fünfzehn Jahren« von Jules Verne.

Es tut sich nichts, meine Ferientage sind immer gleich. Langeweile, Bücher, Telefongespräche, und das Ganze wieder von vorn. Gut, jetzt muß ich aber wirklich ins Bett. GUTE NACHT UND TRÄUME SCHÖN.

Dienstag, 14. Januar 1992

Gähnend hab ich meinen Stift aufgeschraubt und zu schreiben angefangen. Ich höre »TOP GUN« in der Sendung Good Vibrations [4. Fernsehprogramm]. Jetzt kommt eine andere Sendung. Ich habe eben die letzte Seite von »Bazar«, der Frauenzeitschrift, versaut. Als ich Mama an ihrer Arbeitsstelle anrief.

Ich werde Dir ein Geheimnis anvertrauen. Jede Nacht träume ich davon, daß ich Michael Jackson um ein Autogramm bitte; entweder er gibt es mir nicht, oder seine Sekretärin gibt mir eins, und dann sehe ich, wie die Buchstaben verschwinden, weil es nicht Michael Jackson ist, der unterschrieben hat. Das ist traurig, ich Arme, ha, ha! Ich muß so lachen. Ha, ha, ha, ha!

Viertel nach vier. Ich bin zu Vanja und Andrej gegangen (V&A). Es hat ein bißchen Stunk gegeben, weil ich sehr spät nach Hause gekommen bin. Aber es stimmt einfach, daß Monopoly sehr lange dauert. Vanja und Andrej waren bankrott, und ich hatte alle roten Geldscheine [die Fünftausender]. Ich hatte insgesamt 12 Millionen. Und den Genfer Platz und die Côte d'Azur.

Oh, jetzt kommt Bugs Bunny, das muß ich sehen!

Zehn vor acht. Ich werde mir DIAL MTV angucken.

Nummer 5: Pet Shop Boys mit »Was it worth it?«
Nummer 4: (Weiß ich nicht mehr)
Nummer 3: Nirvana
Nummer 2: Guns 'n Roses
Nummer 1: New Kids on the Block

Donnerstag, 16. Januar 1992

Ich bin spät aufgestanden. Mama fühlt sich nicht sehr gut. Sie ist nicht zur Arbeit gegangen. Safija [die Zugehfrau] ist da. Mir reicht's, wann werde ich endlich wieder auf die Jahorina fahren?

Donnerstag, 23. Januar 1992

Fünf vor elf. Ich bin im Bett. Aber nicht in MEINEM Bett. Nein, nein, so ist das eben... Tralalalala! Ich bin auf der Jahorina! Seit sieben Tagen schon. Ich liege neben Oga. Ich höre das Summen einer lästigen Fliege, das Bullern des Ofens, und ich schwätze mit Oga. Wir unterhalten uns, wie wir das immer tun hier, in diesem Bett, in diesem Zimmer, auf der Jahorina.

Es ist lange her, daß ich Dir etwas anvertraut habe,

mein Tagebuch. Gleich als ich angekommen bin, war ich zu sehr beschäftigt, mit Skifahren, Schlittenfahren im Dunkeln, Abfahrten auf der »Weihnachts-Piste« und mit dem Schneemann und den Burgen, die wir gebaut haben. Alle sind da – Oga, Branko, Svjetlana, Nenad, Bojana, Boris, Minela, Anela und natürlich ich. Ich hab einfach keine Zeit für Dich gehabt. Aber Du verzeihst mir bestimmt, das weiß ich. Und ich verspreche Dir, daß ich mich regelmäßiger melden werde.

Ich habe gerade mit Oga darüber gesprochen, welche Piste wir morgen abfahren wollen: Ogorjelica I, Ogorjelica II, Šator, die mit den Sesselliften... So ein Elend, diese Auswahl! Ich wünschte, es wäre schon morgen.

I AM HAPPY!

Sonntag, 26. Januar 1992

Ich bin krank. Ich habe Halsschmerzen. Fieber. Ich bin glühend heiß. Meine Temperatur ist leicht gesunken, aber ich huste schrecklich.

Ciao!

Dienstag, 28. Januar 1992

Heute geht es mir besser. Mit den Antibiotika wird es schon gehen. Boris ist jetzt auch krank, und Oga klagt über Halsschmerzen. Ich habe Dir nicht erzählt, daß Svjetlana uns die Grippe aus Sarajevo mitgebracht hat. Sie ist zum Zahnarzt gegangen, und da hat sie sie erwischt. Jetzt ist sie auch auf der Jahorina. Svjetlana ist als erste krank geworden, dann ich, dann Boris, und jetzt vielleicht Oga. Diese verdammte Grippe hat alles über den Haufen geschmissen. Schade.

Sonntag, 2. Februar 1992

Gestern sind wir von der Jahorina zurückgekommen. Mir geht es ganz gut, aber jetzt ist Mama krank. Sie hat Fieber und hustet. Papa hat auch Fieber. Ich huste nur. Das ist eine richtige Epidemie.

Dienstag, 4. Februar 1992

Die Schule hat wieder angefangen. Der andere Unterricht auch... Ich bin wieder zur Musikschule gegangen. Das war schön.

Ich hab Dir noch nicht erzählt, daß ich ein Heft habe, in das ich Mannequin-Fotos einklebe. Ich habe Fotos von Linda Evangelista, Claudia Schiffer, Cindy Crawford und Yasmina Ghauri.

Samstag, 15. Februar 1992

Papa ist wieder gesund, aber Mama ist immer noch krank. Sie kommt einfach nicht auf die Beine. Es scheint, daß sie eine Lungenentzündung hat. Sie arbeitet nicht, sie ist krank geschrieben. Sie geht auch zu Ärzten.

Mein Leben plätschert so hin – die Schule, die Musik, ich lerne, ich spiele Musik, und ich bete zu Gott, daß

Mama gesund wird und wir wieder auf die Jahorina fahren können. Diese verflixte Grippe hat alles verpfuscht.

Donnerstag, 5. März 1992

Mein Gott! Jetzt ist es auch in Sarajevo losgegangen. Am Sonntag [dem 1. März] hat eine kleine Gruppe bewaffneter Zivilisten (laut Fernsehen) bei einer Hochzeit einen serbischen Gast getötet und einen Priester verletzt. Am 2. März (Montag) waren überall in der Stadt Barrikaden aufgebaut. Es sollen »Tausende« gewesen sein. Wir hatten kein Brot. Um sechs Uhr hatten die Leute genug von der Ungewißheit und sind auf die Straßen gegangen. In einem Zug sind sie von der Kathedrale aus losgezogen. Sie sind an der Nationalversammlung vorbeigekommen. Dann sind sie durch die ganze Stadt gelaufen. In der Nähe der Kaserne »Marschall Tito« sind einige Menschen verletzt worden. Die Leute sangen und schrien »Bosnien, Bosnien«, »Sarajevo, Sarajevo«, »Wir werden zusammenleben« und »Haut endlich ab«. Zdravko Grebo hat im Radio gesagt, das wäre ein historischer Augenblick.

Gegen acht Uhr haben wir gehört, wie eine Straßenbahnglocke bimmelte. Die erste Straßenbahn, die wieder durch die Stadt fuhr. Sie brachte das Leben zurück, und die Leute sind massenweise auf die Straßen gegangen und haben gehofft, daß so etwas nicht wieder passiert. Wir haben uns dem Friedensmarsch auch angeschlossen. Als wir nach Hause kamen, haben wir ruhig schlafen können. Am nächsten Tag war alles wie immer. Die Schule, die Musik... Am Abend haben wir jedoch erfahren, daß 3000 Tschetniks aus Pale unterwegs wären, um Sarajevo anzugreifen, vor allem die Baščaršija, das alte türkische Viertel. Melica hat erzählt, daß vor ihrem Haus neue Barrikaden gebaut worden sind, und daß sie diese Nacht nicht zu Hause schlafen werden. Sie sind zum alten Nedjad gegangen. Später dann gab es ein Chaos im »JUTEL« [jugoslawisches Fernsehprogramm]. Radovan Karadžić und Alija Izetbegović haben beide geredet und sich gestritten. Dann ist Goran Milić wütend geworden und hat beide gezwungen, einen gewissen General Kukanjac zu treffen. Dieser Milić ist göttlich! Bravo!!!

Am 4. März [Mittwoch] sind die Barrikaden abgebaut worden, und die »Jungs da oben«, wie die Leute die Politiker nennen, haben sich geeinigt. Das ist doch toll, oder?!

Am gleichen Tag hat der Kunstlehrer ein Bild mitgebracht, damit wir es unserer Klassenlehrerin schenken [zum Weltfrauentag am 8. März]. Wir haben es ihr gegeben, aber sie hat uns gesagt, wir sollen nach Hause gehen. Es hat wieder Probleme gegeben. Alle haben die Panik gekriegt. Die Mädchen haben angefangen zu schreien, und die Jungs haben überhaupt nichts gesagt, nur versucht, nicht loszuheulen. Papa ist auch früher nach Hause gekommen. Es ist aber alles gut ausgegangen. Was für eine Aufregung!

Freitag, 6. März 1992

Das Leben nimmt wieder seinen normalen Gang.

Dienstag, 24. März 1992

In Sarajevo gibt es keine Krawalle mehr. Aber in den anderen Gegenden von Bosnien-Herzegowina: in Bosanski Brod, Derventa, Modriča. Die Nachrichten und Bilder sind schrecklich, von überall. Papa und Mama wollen nicht, daß ich Fernsehen gucke, wenn Nachrichten kommen, aber man kann uns Kindern all die abscheulichen Dinge, die passieren, doch nicht verheimlichen.
Wieder Sorgen und Niedergeschlagenheit. Die Blauhelme (besser gesagt, die Blaumützen) sind gerade in Sarajevo angekommen. Wir fühlen uns jetzt sicherer. Die »Jungs da oben« sind von der Bildfläche verschwunden.

Papa hat mich im Auto bis zum Hauptquartier der UNO-Truppen gebracht. Er hat mir gesagt, daß wir jetzt, wo die blaue Flagge über Sarajevo weht, Hoffnung haben können.

Montag, 30. März 1992

Sag mal, mein Tagebuch, weißt Du, was ich mir überlegt habe? Anne Frank hat doch ihr Tagebuch Kitty genannt, warum soll ich Dir nicht auch einen Namen geben? Mal sehen... ASFALTINA, PIDŽAMETA, ŠEFIKA, HIKMETA, ŠEVALA, MIMMY, oder vielleicht etwas anderes?... Ich suche... ich suche... Ich hab's! Du wirst... MIMMY heißen.

Also, es geht los.

Dear Mimmy,
in der Schule ist bald das Quartal zu Ende. Alle bereiten sich auf die Prüfungen vor. Es sieht so aus, als würden wir morgen ins »Skenderija«-Stadion zu einem Konzert gehen. Unsere Klassenlehrerin hat uns geraten, nicht hinzugehen, weil da 10 000 Leute – Entschuldigung, 10 000 Kinder – erwartet werden und man riskiert, als Geisel genommen zu werden oder Bomben abzubekommen (?!). Mama hat nein gesagt. Also werde ich nicht hingehen.

Oh nein, das darf nicht wahr sein!... Weißt Du, wer den Yougovision-Wettbewerb [nationaler Ausscheidungswettbewerb für den Grand Prix d'Eurovision] gewonnen hat? EXTRA NENA!!!

Ich hab Angst, Dir anzuvertrauen, was Melica erzählt hat: Beim Friseur hat sie gehört, daß am Samstag, dem 4. April 1992: BUMM, BUMM, PENG, PENG, Sarajevo. Ich übersetze: Sie werden Sarajevo bombardieren.

In Liebe, Zlata

Freitag, 3. April 1992

Dear Mimmy,
Mama arbeitet. Papa ist bei einem Termin in Zenica. Ich bin von der Schule zurück und bin nachdenklich.

Heute fährt Azra nach Österreich. Sie hat Angst vor dem Krieg, UFF! Aber ich muß dauernd daran denken, was Melica bei der Friseuse gehört hat. Was mache ich, wenn Sarajevo bombardiert wird? Safija ist da, und ich höre RADIO-M. Ich fühle mich sicherer.

Mama sagt, daß das, was Melica beim Friseur gehört hat, »Desinformation« ist. Hoffentlich hat sie recht!

Papa ist aus Zenica zurückgekommen. Er ist ganz von der Rolle. Er sagt, daß es schrecklich ist, all diese Leute am Bahnhof und am Busbahnhof zu sehen. Die Leute fliehen aus Sarajevo. Fürchterliche Szenen. Das sind Leute, die der Desinformation Glauben schenken. Die Mütter fahren mit ihren Kindern, die Väter bleiben da. Oder die Kinder gehen und die Eltern bleiben. Alle weinen. Papa sagt, daß er das am liebsten nie gesehen hätte.

Mimmy, ich hab Dich lieb.

Zlata

Samstag, 4. April 1992

Dear Mimmy,

heute ist Bajram [ein großes moslemisches Fest]. Es sind nicht viele Leute auf den Straßen. Bestimmt aus Angst, wegen dieser Geschichten über Bombenangriffe. Sarajevo ist nicht bombardiert worden. Es scheint, daß Mama mit der Desinformation recht gehabt hat. Gott sei Dank!

In Liebe, Zlata

Sonntag, 5. April 1992

Dear Mimmy,
ich versuche, mich auf meine Aufgaben zu konzentrieren (ein Buch zu lesen), aber ich schaff es einfach nicht. Irgend etwas ist in der Stadt los. Man hört Schüsse auf den Hügeln. Kolonnen von Menschen kommen aus Dobrinja. Um zu versuchen, irgend etwas zu verhindern – was, das wissen sie selber nicht. Sagen wir einfach, daß man spürt, daß etwas passieren wird oder schon passiert ist, ein schreckliches Unglück. Im Fernsehen sieht man die Leute vor der Nationalversammlung. Im Radio senden sie ununterbrochen das Lied »Sarajevo, meine Liebe«. Das ist ja alles schön und gut, aber ich hab die ganze Zeit solche Magenkrämpfe und schaff es nicht mehr, mich auf meine Arbeit zu konzentrieren.

Mimmy, ich hab Angst vor dem KRIEG!
Zlata

Montag, 6. April 1992

Dear Mimmy,
gestern haben die Leute vor der Nationalversammlung friedlich versucht, die Miljacka [Fluß durch Sarajevo] über die Vrbanja-Brücke zu überqueren. Man hat auf sie geschossen. Wer, wie und – warum?! Ein Mädchen, eine Medizinstudentin aus Dubrovnik, ist GETÖTET worden. Auf der Brücke ist ihr Blut geflossen. Ihr letzter Satz vor dem Tod war: »Sind wir hier wirklich in

Sarajevo?« Es ist SCHRECKLICH, SCHRECKLICH, SCHRECKLICH.

NIEMAND IST NORMAL HIER, NICHTS IST NORMAL.

Die Baščaršija ist zerstört. Diese »netten Herren« aus Pale haben auf die Baščaršija geschossen.

Seit gestern sind eine Menge Menschen in der Nationalversammlung. Einige sind draußen vor der Versammlung. Wir haben meinen Fernseher ins Wohnzimmer gestellt; so kann ich das erste Programm auf einem Apparat und »Good Vibrations« auf dem anderen gucken. Vom »Holiday Inn« aus werden Leute vor der Nationalversammlung umgebracht. Und Bokica ist dort, mit Vanja und Andrej! O WEH!

Es kann sein, daß wir in den Keller hinuntergehen. Mimmy, ich nehme Dich ganz bestimmt mit. Ich bin verzweifelt. Die Leute vor der Nationalversammlung auch. Mimmy, der Krieg ist da. PEACE NOW!

Es scheint so, als würden sie Tele-Sarajevo angreifen. Sie haben es noch nicht gemacht. In unserer Gegend wird nicht mehr geschossen. KLOPF, KLOPF (ich klopfe auf Holz, daß es nicht wieder anfängt. Ganz fest. So fest wie möglich). Oh, nein!... Schüsse! Sie fangen wieder an!!!

Zlata

Donnerstag, 9. April 1992

Dear Mimmy,

ich gehe nicht in die Schule. Alle Schulen in Sarajevo sind geschlossen. Die Gefahr ist in den Hügeln um uns herum. Ich habe trotzdem das Gefühl, daß langsam wieder Ruhe einkehrt. Man hört keine starken Granatenexplosionen mehr und auch kein Knallen. Nur ein Feuerstoß, und dann ist es schnell wieder ruhig. Papa und Mama gehen arbeiten. Sie kaufen Eßsachen in großen Mengen. Wohl für den Fall, daß... Gott bewahre! Lieber Gott, ich fleh dich an, mach, daß nichts passiert.

Die Spannung ist noch sehr stark. Mama ist am Verzweifeln. Papa versucht, sie zu beruhigen. Mama telefoniert viel. Sie wird angerufen oder sie ruft selber an. Die Leitung ist die ganze Zeit besetzt.

Zlata.

Sonntag, 12. April 1992

Dear Mimmy,

es regnet Granaten auf die neuen Stadtviertel – Dobrinja, Mojmilo, Vojničko polje. Alles ist zerstört oder brennt, die Bewohner sind in Schutzräumen. Hier im Stadtzentrum passiert nichts. Alles ist ruhig. Die Leute gehen auf die Straße. Heute war es warm, ein schöner Frühlingstag. Wir sind auch rausgegangen. Die Vasa-Miškin-Straße war voll von Menschen, voll von Kindern. Ein Friedensmarsch, hätte man denken können. Die Leute sind rausgegangen, um andere zu treffen, sie wollen den Krieg nicht. Sie wollen leben und sich amüsieren, wie sie es immer gemacht haben. Ist das nicht normal? Wer kann den Krieg lieben und herbeiwünschen? Es gibt nichts Schlimmeres.

Ich denke wieder an den Aufmarsch, bei dem ich mitgemacht habe. Der war größer und stärker als der Krieg. Darum werden diese Leute auch siegen. Sie sind es, die siegen müssen, nicht der Krieg, denn der Krieg ist nicht menschlich. Der Krieg ist dem Menschen fremd.

Zlata

Dienstag, 14. April 1992

Dear Mimmy,
die Leute verlassen Sarajevo. Am Flughafen, im Bahnhof und am Busbahnhof wimmelt es von Menschen. Im Fernsehen hab ich furchtbar traurige Abschiedsszenen gesehen. Familien und Freunde trennen sich. Manche gehen weg und manche bleiben. Es ist zum Heulen. All diese Leute, all diese Kinder – sie sind doch unschuldig. Heute morgen, ganz früh, sind Keka und Braco zu uns gekommen. Sie haben in der Küche mit Papa und Mama geflüstert. Keka und Mama haben geweint. Ich habe das Gefühl, daß sie nicht wissen, was sie tun sollen – bleiben oder gehen. Weder das eine noch das andere ist eine Lösung.

Zlata

Mittwoch, 15. April 1992

Dear Mimmy,
schreckliche Bombenangriffe in Mojmilo. Mirna mußte deswegen 48 Stunden an einem Stück in einem Schutzraum bleiben. Ich hab mit ihr telefoniert, aber nur kurz, weil sie wieder hinunter in ihren Keller mußte. Die arme Mirna.

Bojana und Verica sind nach England gegangen. Oga geht nach Italien. Aber das Allerschlimmste ist, daß Martina und Mateja auch schon weg sind. Nach Ohrid. Keka weint, Braco weint, und Mama weint auch. Im Moment spricht sie mit jemandem am Telefon und ist in Tränen aufgelöst. Und die »anderen« in den Hügeln schießen weiter auf uns. Ich habe erfahren, daß auch Dejan gegangen ist.

So ein Mist aber auch!... Warum gibt es den Krieg?!!

In Liebe, Zlata

Donnerstag, 16. April 1992

Dear Mimmy,
Martina, Mateja, Dejan – sie sind alle noch da. Das macht keinen Sinn. Eigentlich doch, es macht einen. Sie konnten nicht weg. Und dann macht es doch wieder keinen Sinn: denn alle hier haben geweint, als wir sie gehen sahen, und jetzt sind sie gar nicht fort. Es gibt nicht genug Busse, Züge oder Flugzeuge, bei all den Leuten, die aus Sarajevo fliehen wollen.

In Liebe, Zlata

Samstag, 18. April 1992

Dear Mimmy,
Bombenangriffe, Granaten. Es ist wirklich KRIEG. Papa und Mama machen sich große Sorgen; gestern abend sind sie spät ins Bett gegangen und haben sich lange unterhalten. Sie überlegen, was zu tun ist, aber es ist schwer, einen klaren Kopf zu behalten. Sollen wir weggehen und uns trennen oder alle zusammen hierbleiben? Keka will mich nach Ohrid bringen. Dieses Dilemma macht Mama fertig, sie weint ununterbrochen, auch wenn sie versucht, es mir nicht zu zeigen. Aber ich sehe alles. Ich sehe sehr wohl, daß es hier schlecht aussieht. Mit dem Frieden ist es vorbei. Plötzlich ist der Krieg in unsere Stadt gekommen, in unser Haus, in unsere Köpfe, in unser Leben. Es ist schrecklich. Genauso schrecklich wie Mama zuzugucken, wie sie meinen Koffer packt.

In Liebe, Zlata.

Montag, 20. April 1992

Dear Mimmy,
der Krieg sieht nach allem möglichen aus, nur nicht nach einem Scherz. Er zerstört, tötet, verbrennt, trennt, bringt Unglück. Heute ist ein Granatenregen auf die Baščaršija niedergegangen, das alte Stadtzentrum von Sarajevo. Grauenvolle Explosionen. Wir sind in den Keller hinunter – dort ist es kalt und ganz dunkel. Es ist trostlos. Und unser Keller ist nicht einmal sicher. Wir

haben uns alle drei, Papa, Mama und ich, in eine Ecke gekauert, wo wir das Gefühl hatten, in Sicherheit zu sein. Im Dunkeln, dicht bei Papa und Mama, von ihren Körpern gewärmt, hab ich daran gedacht, Sarajevo zu verlassen. (Wie alle). Aber alleine wegzugehen, Papa und Mama zu verlassen und Großvater und Großmutter, das könnte ich nicht. Und nur mit Mama weggehen, das wäre auch nicht gut. Das beste wäre, wenn wir alle drei gehen würden. Aber Papa könnte das wahrscheinlich nicht. Also habe ich beschlossen, daß wir zusammenbleiben. Morgen werde ich Keka sagen, daß man tapfer sein muß, daß man bei denen bleiben muß, die man liebt und die einen lieben. Ich kann Papa und Mama nicht verlassen, und Papa ganz alleine hierzulassen, das gefällt mir auch nicht.

Deine Zlata

Dienstag, 21. April 1992

Dear Mimmy,
heute ist es scheußlich in Sarajevo. Granaten fallen, Erwachsene und Kinder werden getötet, es wird von allen Seiten geschossen. Wir werden die Nacht bestimmt im Keller verbringen müssen. Weil wir da aber nicht wirklich in Sicherheit sind, gehen wir zu Bobars, den Nachbarn. Da sind Großmutter Mira, Tante Boda, Onkel Žika [ihr Mann], Maja und Bojana. Wenn die Kämpfe losgehen, ruft Žika uns an; wir rennen durch den Hof, klettern über eine Leiter auf einen Tisch,

zwängen uns dann durch den Korridor und kommen schließlich bei Bobars Tür an. Bis jetzt haben wir immer die Straße überquert, aber seit geschossen wird, ist das gefährlich. Ich packe gerade meine Tasche für den Keller: ich habe Kekse hineingetan, Saft, ein Kartenspiel und auch ein paar »Kleinigkeiten«. Es wird weiter mit Kanonen geschossen, oder mit so etwas Ähnlichem.

In Liebe, Zlata.

Mittwoch, 22. April 1992

Dear Mimmy,
wir haben die ganze Nacht bei den Bobars verbracht. Wir sind gegen halb zehn von hier losgegangen und heute morgen gegen halb elf zurückgekommen. Ich habe von vier Uhr bis halb zehn geschlafen. Während der Nacht hat es schlimme Explosionen gegeben und alles hat gezittert.

Zlata

Sonntag, 26. April 1992

Dear Mimmy,
die darauffolgende Nacht haben wir auch bei den Bobars verbracht. Und am nächsten Tag ist der Strom ausgefallen. Wir hatten kein Brot, und Mama hat sich zum ersten Mal darangemacht, Teig zu kneten. Sie hatte Angst vor dem Ergebnis. Es ist Brot geworden – und gutes. An diesem Tag sollte ich mit M&M nach

Ohrid fahren. Ich konnte aber nicht weg, und sie genausowenig, weiß Gott. Ciao!

Deine Zlata

Dienstag, 28. April 1992

Dear Mimmy,

SCHNIEF!... Martina... SCHNIEF! und Mateja... SCHNIEF! sind gefahren, GESTERN!... Sie haben einen Bus nach Krško [in Slowenien] genommen. Sie haben Keka mitgenommen. Oga ist auch fort, und Dejan; morgen oder übermorgen kommt Mirna an die Reihe; und bald auch Marijana.

SCHNIEF!!

Alle gehen weg. Ich stehe ohne Freunde da.

Zlata

Mittwoch, 29. April 1992

Dear Mimmy,

ich würde Dir viel mehr vom Krieg erzählen, wenn ich könnte, aber ich erinnere mich einfach lieber nicht an all die schrecklichen Dinge. Es widert mich an. Ich bitte Dich inständig, sei mir nicht böse. Ich werde Dir trotzdem ein bißchen schreiben.

In Liebe, Zlata

Samstag, 2. Mai 1992

Dear Mimmy,

dieser Tag in Sarajevo war noch schlimmer als die schlimmsten Tage, die wir bisher erlebt haben. Die Kämpfe sind gegen Mittag ausgebrochen. Mama und ich sind im Flur in Deckung gegangen. Papa war in seinem Büro, unter unserer Wohnung. Über die Sprechanlage haben wir ihm gesagt, er soll schnell herüberlaufen und ins Treppenhaus reingehen. Dann sind wir beide auch zu ihm runtergekommen. CICKO [den Kanarienvogel] haben wir mitgenommen. Weil immer mehr Bomben fielen, konnten wir nicht die Wand hochklettern, um zu Bobars zu gehen, und haben uns beeilt, in unseren Keller hinunterzukommen.

Unser Keller ist häßlich, ganz dunkel, und er stinkt. Mama, die eine Heidenangst vor Mäusen hat, muß mit einer doppelten Angst fertig werden. Wir haben uns alle drei in dieselbe Ecke gekauert wie das letzte Mal. Wir haben Granatenexplosionen gehört und Schüsse, es donnerte über uns. Wir haben sogar Flugzeuge gehört. Einen Augenblick lang hab ich begriffen, daß dieser schreckliche Keller unsere einzige Chance war, mit dem Leben davonzukommen. Ich hab sogar angefangen, ihn warm und schön zu finden. Er allein konnte uns vor diesen entsetzlichen Kämpfen beschützen. Wir haben gehört, wie in unserer Straße Fensterscheiben zu Bruch gegangen sind. Es war fürchterlich. Ich habe meine Finger tief in meine Ohren gesteckt, damit dieser unheimliche Krach nicht mehr so laut zu hören war. Ich hatte Angst um Cicko; wir hatten ihn im Treppenhaus gelassen. Ich hatte Angst, daß er sich erkältet; oder daß ihm etwas passiert. Ich bin beinahe vor Hunger und vor Durst gestorben, und unser Mittagessen war oben, in der Küche, halbfertig.

Als die Kämpfe schwächer wurden, ist Papa schnell nach oben in unsere Wohnung gerannt, um Butterbrote zu holen. Er hat uns danach erzählt, daß es verbrannt gerochen hat und daß das Telefon nicht mehr funktionierte. Er hat den Fernsehapparat mit heruntergebracht. Wir haben dadurch erfahren, daß die Hauptpost (die nicht weit von uns entfernt ist) in Flammen stand, und daß man unseren Präsidenten entführt hat. Gegen acht Uhr sind wir wieder nach oben gegangen. In unserer Straße gab es praktisch keine Fensterscheiben mehr. Aber unsere waren heil. Gott sei Dank. Ich hab die brennende Post gesehen. Das war schrecklich. Die Feuerwehrleute haben alles versucht, aber das Feuer hat nicht aufgehört. Papa hat ein paar Fotos von der Post gemacht, die in den Flammen verschwindet. Er hat gesagt, die Fotos wären nichts geworden, weil ich irgendwie am Apparat herumgefummelt hätte. Das tut mir sehr leid. Die ganze Wohnung riecht verbrannt. Mein Gott, wenn ich daran denke, daß ich jeden Tag an der Post vorbeigegangen bin! Die Fassade war gerade neu gemacht worden. Sie war riesengroß und schön, und jetzt wird sie von den Flammen aufgefressen. Sie verschwindet. Dear Mimmy, wenn man sieht, was hier passiert, wie wird es erst in den anderen Stadtvierteln aussehen? Im Radio habe ich gehört, daß in der Umgebung von der Gedenkstätte wegen der Brände die Hölle los ist. Da liegt das Glas kniehoch herum. Wir machen uns Sorgen um Großvater und Großmutter. Sie wohnen dort. Wenn man auf die Straße kann, werden wir morgen nach ihnen schauen. Ein grauenvoller Tag. Der schwärzeste, der schrecklichste Tag in den elf Jahren, die ich bisher gelebt habe. Ich hoffe, es wird nicht noch mehr davon geben.

Papa und Mama sind aufgeregt bis zum Gehtnichtmehr. Ich muß ins Bett. Ciao!

Zlata

Sonntag, 3. Mai 1992

Dear Mimmy,
Papa konnte die Brücke über die Miljacka ganz schnell überqueren und nach Großvater und Großmutter sehen. Er ist den ganzen Weg gerannt und völlig außer Atem und durchgeschwitzt (vor Angst und Kummer) zurückgekommen. Großvater und Großmutter geht es Gott sei Dank gut. Die Marschall-Tito-Straße sieht fürchterlich aus. Massen von Granaten sind dort heruntergekommen und haben die Schaufenster, Autos, Häuser, Fassaden und Dächer zerstört. Zum Glück hat es nur wenige Opfer gegeben, weil die Leute sich in Sicherheit bringen konnten. Neda (Mamas Freundin) ist

bis hierher gelaufen, um zu gucken, wie es uns geht, und uns zu sagen, daß sie alle heil davongekommen sind. Aber es war entsetzlich.

Wir haben mit Tante Boda und Bojana gesprochen, von Fenster zu Fenster. Als gestern diese starke Schießerei angefangen hat, waren sie auf der Straße. Sie haben es gerade noch in Stoles Keller geschafft.

Zlata

Dienstag, 5. Mai 1992

Dear Mimmy,
man könnte glauben, es kehrt wieder Ruhe ein. Sie haben jetzt bestimmt genug Unheil angerichtet; warum, das weiß ich nicht. Das ist alles Politik, und ich hoffe, daß diese »Jungs da oben« sich einigen. Ja, hoffentlich einigen sie sich, damit wir wieder wie alle anderen Menschen leben und atmen können. Was uns passiert, das ist schrecklich. Ich will, daß das aufhört, für immer. PEACE! PEACE!

Ich hab Dir noch nicht erzählt, Mimmy, daß wir die Aufteilung in unserer Wohnung verändert haben. Mein Zimmer und das von Papa und Mama sind gefährlich. Sie gehen auf die Hügel hinaus, und von da wird ja geschossen. Du kannst Dir nicht vorstellen, was für einen Bammel ich davor habe, an den Fenstern vorbeizugehen. In einer Ecke des Wohnzimmers, gut geschützt, haben wir das »Schlafzimmer« eingerichtet. Wir schlafen auf dem Boden, auf Matratzen. Das ist sehr komisch, und es ist scheußlich. Aber es ist sicherer. Wir haben aus Sicherheitsgründen alles umgekrempelt. Cicko ist in die Küche gezogen. Er ist jetzt auch in Sicherheit, obwohl man während der Bombenangriffe nirgendwo in Sicherheit ist, außer im Keller. Na ja, all das wird ja wohl eines Tages aufhören, und dann werden wir die Wohnung wieder in Ordnung bringen. Ciao!

Zlata

Donnerstag, 7. Mai 1992

Dear Mimmy,
ich war fast sicher, daß der Krieg aufhören würde, und heute... Heute haben sie eine Granate oder Bombe in den Park gleich neben dem Haus geworfen. Der Park, in dem ich immer gespielt habe, in dem wir Freundinnen uns getroffen haben. Es hat eine Menge Verletzte gegeben. Die, die ich kenne, sind Jaca, ihre Mutter, Selma, Nina, Dado, unser Nachbar, und ich weiß nicht was für Leute, die dort zufällig waren. Dado, Jaca und ihre Mutter sind wieder aus dem Krankenhaus entlassen worden. Aber Selma hat man eine Niere herausnehmen müssen, und ich weiß nicht, wie es ihr geht, denn sie ist immer noch im Krankenhaus. NINA IST TOT. Ein Granatsplitter hat ihr den Schädel zerschmettert. Sie ist gestorben. Sie war so nett. Wir waren zusammen im Kindergarten, und wir haben oft zusammen im Park gespielt. Nina, ich werde sie nie mehr

wiedersehen – nein, das geht doch nicht. Nina, elf Jahre alt, Opfer eines sinnlosen Kriegs. Ich bin traurig. Ich weine. Ich verstehe nicht, warum sie hat sterben müssen. Sie hat doch überhaupt nichts getan. Ein abscheulicher Krieg hat ein kleines Kinderleben zerstört. Nina, ich werde dich immer als ein wundervolles Mädchen in Erinnerung behalten.

Mimmy, ich hab Dich lieb.

Zlata

Mittwoch, 13. Mai 1992

Dear Mimmy,
das Leben geht weiter. Was geschehen ist, ist grausam, und genau deshalb muß man es vergessen.

Die Gegenwart ist genauso grausam, und ich kann sie nicht vergessen. Der Krieg versteht keinen Spaß. Mein Leben im Augenblick, mein Alltag sind Keller, Angst, Granaten, Flammen.

Vorgestern abend hat es eine schreckliche Schießerei gegeben. Aus Angst, von Splittern oder Kugeln getroffen zu werden, sind wir zu den Bobars gerannt. Wir haben die ganze Nacht, gestern den ganzen Tag und die ganze letzte Nacht entweder im Keller oder in Nedos Wohnung verbracht (Nedo ist ein Flüchtling aus Grbavica. Er hat seine Eltern dortgelassen und wohnt in der Wohnung seiner Schwester, die selber geflohen ist). Wir haben furchtbare Szenen im Fernsehen gesehen. Die Stadt ist in Trümmern, sie brennt, die Menschen sterben, die Erwachsenen und die Kinder. Es ist einfach nicht zu begreifen.

Das Telefon geht nicht, wir wissen nichts von Großvater und Großmutter und von Melica, von den Leuten in den anderen Vierteln der Stadt. Im Fernsehen haben wir gesehen, daß die Wasserwerke brennen, Mamas Betrieb, daß im Gebiet der Angreifer liegt [in Grbavica]. Mama hat geweint. Sie hat Depressionen. Jahrelang hat sie dort gearbeitet, und jetzt ist alles kaputt. Es ist wirklich schrecklich. In der Umgebung der Wasserwerke standen Autos in Flammen, und Menschen starben, ohne daß jemand sie retten konnte. Mein Gott, warum das alles?! ICH BIN SO AUSSER MIR VOR WUT, DASS ICH GRÖSSTE LUST HABE, ZU BRÜLLEN UND ALLES KAPUTTZUSCHLAGEN!

Deine Zlata

Donnerstag, 14. Mai 1992

Dear Mimmy,
um uns herum schlagen die Granaten ein. Papa hat es geschafft, zu Großvater und Großmutter zu laufen, um zu gucken, wie es ihnen geht, wie sie den Wahnsinn der letzten Tage überstanden haben. Es geht ihnen gut, Gott sei Dank. Melica und ihrer Familie auch, und Großmutter hat von Vinko erfahren, daß es Meda und Bojana [Tante und Cousine] auch gut geht.

Was in der Gegend um die Marschall-Tito-Kaserne passiert, ist schrecklich. Und in den neuen Stadtvierteln. In der Nähe der Elektrizitätswerke, bei der RTV [Rundfunk- und Fernsehanstalt] kommt man sich vor wie in einem Irrenhaus. Ich kann nicht mehr fernsehen. Ich halte das nicht aus. Nur in Otes [ein Vorort] ist anscheinend Ruhe. Braco, Mamas Bruder, wohnt dort mit seiner Familie. Die haben Glück, da wird nicht geschossen.

Zlata

Sonntag, 17. Mai 1992

Dear Mimmy,
jetzt steht es einwandfrei fest: Mit der Schule ist Schluß. Der Krieg wollte, daß der Unterricht aufhört, daß die Schulen schließen und daß die Kinder in die Keller gehen anstatt in die Schule. Sie werden die Noten vom letzten Halbjahr in unsere Zeugnisse schreiben. Ich werde meins bekommen, und da wird drinstehen, daß ich in die nächste Klasse versetzt bin.

Ciao!
Zlata

Mittwoch, 20. Mai 1992

Dear Mimmy,
es wird nicht mehr soviel geschossen. Heute hat Mama all ihren Mut zusammengenommen und ist über die Brücke gelaufen. Sie ist zu Großvater und Großmutter gegangen. Sie hat dort Leute getroffen, die sie nicht kannte, und eine Menge trauriger Neuigkeiten erfah-

ren. Sie ist ganz verzweifelt nach Hause gekommen. Ihr Bruder ist am 14. Mai verletzt worden, als er mit dem Auto von der Arbeit heimfuhr. Am 14. Mai, und sie hat es erst heute erfahren – das ist schrecklich. Er ist am Bein verletzt worden und liegt im Krankenhaus. Wie soll man da hinkommen? Das Krankenhaus liegt jetzt am Ende der Welt. Sie haben Mama zwar gesagt, daß es ihrem Bruder gutgeht, aber sie glaubt es nicht und weint. Wenn wenigstens nicht mehr geschossen würde, dann könnte sie hingehen. »Ich glaube es erst, wenn ich ihn gesehen habe«, hat sie uns gesagt.

Zlata

Donnerstag, 21. Mai 1992

Dear Mimmy,
heute hat Mama Braco im Krankenhaus besucht. Er lebt. Das ist das Wichtigste. Aber er ist schwer verletzt. Am Knie. 200 Verletzte sind am gleichen Tag wie er in die Klinik gebracht worden. Man wollte ihm schon das Bein amputieren, aber Doktor Adnan Dizdar [ein Chirurg], sein Freund, hat ihn wiedererkannt; er hat die Amputation abgelehnt und ihn in den Operationssaal gebracht. Es hat viereinhalb Stunden gedauert, und die Ärzte sagen, daß die Operation gelungen ist. Er wird nur lange, sehr lange im Bett bleiben müssen. Er hat Drähte, Gips und allen möglichen Kram am Bein. Mama macht sich große Sorgen, und sie ist traurig. Großvater und Großmutter auch (nach dem, was Mama

sagt, denn ich habe sie seit dem 12. April nicht mehr gesehen, das war das letzte Mal, daß ich aus dem Haus gegangen bin). Braco hat Glück im Unglück gehabt. Ich hoffe, daß er gut durchkommt. Halt durch, Braco!!!

Deine Zlata

Samstag, 23. Mai 1992

Dear Mimmy,
ich erzähle Dir gar nichts mehr von mir. Ich rede vom Krieg, vom Tod, von Verletzten und Granaten, von Traurigkeit und Kummer. Meine Freunde sind fast alle weg. Aber selbst wenn sie noch hier wären, wer weiß, ob wir uns dann sehen könnten. Das Telefon funktioniert nicht, wir könnten nicht mal miteinander reden. Vanja und Andrej sind auch weg; nach Dubrovnik, zu Srdjan. Dort hat der Krieg aufgehört. Um so besser für sie. Dieser Krieg in Dubrovnik hat mich so traurig gemacht. Niemals, nicht einmal im Traum, hätte ich geglaubt, daß er hierherkommen und sich in Sarajevo ausbreiten würde. Verica und Bojana sind auch gegangen.

Ich bin die ganze Zeit bei Bojana und Maja. Das sind jetzt meine besten Freundinnen. Bojana ist anderthalb Jahre älter als ich, sie hat die siebte Klasse hinter sich, und wir verstehen uns gut. Maja ist in der Dreizehnten. Sie ist zwar viel älter als ich, aber sie ist göttlich. Zum Glück habe ich die beiden, sonst wäre ich ganz alleine unter den »Großen«.

In den Nachrichten haben sie den Tod von Silva Rizvanbegović gemeldet, einer Ärztin aus dem Notdienst, die auch eine Freundin von Mama war. Sie war im Krankenwagen. Sie haben einen Verletzten zur Behandlung transportiert. Eine Menge Leute, die Papa und Mama kannten, sind tot. Mein Gott, was ist hier nur los???

In Liebe, Zlata

Montag, 25. Mai 1992

Dear Mimmy,
das »Zetra« hat gebrannt. Das olympische Dorf. Die ganze Welt kannte dieses Wunderwerk, und jetzt verschwindet es in den Flammen. Die Feuerwehrleute haben versucht, es zu retten, Žika hat mitgeholfen. Aber sie haben es nicht geschafft. Die Mächte des Krieges kennen die Liebe nicht, und nicht den Willen, Dinge zu retten. Sie zerstören, sie verbrennen, sie vernichten. Sie haben gewollt, daß das »Zetra« verschwindet. Ich bin traurig, Mimmy.

Ich hab das Gefühl, daß hier nichts übrigbleiben wird, nichts Lebendiges.

Deine Zlata

Dienstag, 26. Mai 1992

Dear Mimmy,
ich denke ununterbrochen an Mirna. Am 13. Mai war ihr Geburtstag. Ich hätte sie so gern wiedergesehen.

Ich frage Papa und Mama immer, ob sie mich nicht zu ihren Großeltern bringen können, wo sie jetzt mit Mojmilo, ihrem Vater und ihrer Mutter wohnt. Ihr Haus ist getroffen worden und mußte abgerissen werden.

Seit einigen Tagen haben die Schießereien aufgehört, es herrscht Ruhe. Ich habe Papa angebettelt, mich zu Mirna zu bringen, weil ich ihr ein kleines Geburtstagsgeschenk gemacht habe. Ich sehne mich danach, sie wiederzusehen. Sie fehlt mir.

Ich habe ihn so lange bearbeitet, bis Papa schließlich beschlossen hat, mich zu Mirna zu bringen. Wir sind hingegangen, aber ihr Tor war zugeschlossen. Sie haben uns nicht gehört, und ich bin ziemlich enttäuscht nach Hause gegangen. Das Geschenk wird warten müssen, und ich auch. Wir werden uns schon wiedersehen.

In Liebe, Zlata

Mittwoch, 27. Mai 1992

Dear Mimmy,

EIN BLUTBAD! EIN MASSAKER! DER HORROR! ENTSETZEN! BLUT! GESCHREI! TRÄNEN! VERZWEIFLUNG!

So sah die Vasa-Miškin-Straße heute aus. Es sind zwei Granaten eingeschlagen, und noch eine auf dem Markt. Mama war genau zu der Zeit in der Gegend. Sie hat sich schnell zu Großvater und Großmutter geflüchtet. Papa und ich sind fast durchgedreht, als Mama nicht heimgekommen ist. Im Fernsehen hab ich Sachen gesehen, ich kann nicht glauben, daß ich sie wirklich gesehen habe. Es ist nicht zu fassen. Ich hatte einen Kloß im Hals, und mein Magen tat mir weh. ENTSETZEN. Die Verletzten wurden ins Krankenhaus gebracht, ein Chaos. Wir standen die ganze Zeit mit der Nase am Fenster, in der Hoffnung, daß Mama auftaucht... nichts. Die Liste der Opfer und Verletzten wurde durchgegeben. Keine Spur von Mama. Papa und ich waren verzweifelt. War Mama noch am Leben? Um vier Uhr hat Papa beschlossen, ins Krankenhaus zu fahren, um sie zu suchen. Er hat sich angezogen, um loszugehen, und ich wollte zu Bobars gehen, damit ich nicht alleine zu Hause wäre. Ich hab ein letztes Mal aus dem Fenster geguckt und dann... HABE ICH MAMA GESEHEN, WIE SIE ÜBER DIE BRÜCKE RANNTE! Als sie in der Wohnung war, hat sie angefangen zu zittern und zu weinen. Unter Tränen hat sie erzählt, sie hätte zerfetzte Menschen gesehen. Dann sind alle Nachbarn gekommen, sie hatten sich solche Sorgen um Mama gemacht. Danke, lieber Gott, Mama ist bei uns. Danke, lieber Gott.

EIN GRAUENVOLLER TAG. DEN WERD ICH NIE VERGESSEN.

DER HORROR! DER HORROR!

Deine Zlata

Donnerstag, 28. Mai 1992

Dear Mimmy,
gegen zehn Uhr abends hat es auf einmal angefangen, überall zu knallen. Wir sind zu Nedo gegangen. Ich habe gewartet, bis Saša eingeschlafen war, und bin dann aus ihrem Zimmer gegangen. Ich habe beim Klo nachgeschaut, und dann... Klang! ist die Scheibe vom kleinen Klofenster zersplittert. Ich war allein im Flur und hab das alles gesehen. Ich hab zu heulen angefangen, einen hysterischen Anfall gekriegt. Wir sind dann in den Keller hinunter. Als es wieder still war, sind wir zu Nedo hoch und dort über Nacht geblieben. Heute haben die Bewohner der Vasa-Miškin-Straße sich in ein großes Kondolenzbuch eingetragen und kleine Kerzen angezündet. Die Straße ist »Straße des Widerstandes gegen den Neofaschismus« getauft worden.

Zlata

Freitag, 29. Mai 1992

Dear Mimmy,
ich bin bei Nedo. Folge des Faschismus von gestern: In Papas Büro sind keine Fensterscheiben mehr, und bei den Bobars auch nicht. Eine Granate ist auf das Haus gegenüber gefallen und auf ich weiß nicht wie viele andere ganz bei uns in der Nähe.

Die ganze Stadt stand in Flammen.

Deine Zlata

Samstag, 30. Mai 1992

Dear Mimmy,
das Entbindungsheim ist vollständig abgebrannt. In dem Haus bin auch ich zur Welt gekommen. Hunderttausende von Babys, zukünftige Einwohner von Sarajevo, können dort nun nicht mehr geboren werden. Es war noch ganz neu. Das Feuer hat alles zerstört. Die Mütter und Babys hat man retten können. Als der Brand ausbrach, kamen gerade zwei Babys zur Welt. Sie leben. Hier sterben die Leute, verrecken sie, alles brennt, alles geht zu Bruch, und dabei, während es brennt, kommen Babys, die später Erwachsene werden, auf die Welt.

Deine Zlata.

Montag, 1. Juni 1992

Dear Mimmy,
heute hat Maja Geburtstag. Sie wird achtzehn. Jetzt ist sie volljährig. Sie gehört zu den Erwachsenen. Für Maja ist das ein großer Tag, und wo feiert sie ihn? Im Krieg. Wir haben zwar alles getan, damit es trotzdem ein großer Tag für sie wird, aber Maja war traurig und mürrisch. Dieser Krieg hat ihr alles kaputtgemacht. Maja wird keine Abiturfeier haben, sie wird ihr schönes Festkleid nicht anziehen können. Hier gibt's nur Krieg, Krieg, Krieg.

Zum Glück waren die Kämpfe gerade nicht so schlimm, und wir konnten in Ruhe beisammensitzen.

Tante Boda hatte ein Festessen gekocht (wenn man in Kriegszeiten von »Fest« reden kann), und Mama hatte mit unseren letzten Nüssen eine Biskuitrolle gebacken (Majas Geburtstag war uns das Opfer wert). Wir haben ihr eine Halskette und ein Armband aus Ohrider Flußperlen geschenkt. Sie hat eine Menge wertvoller Geschenke bekommen, manche waren aus Gold. Man wird nur einmal im Leben achtzehn Jahre alt. Herzlichen Glückwunsch zum Geburtstag, Maja – ich wünsch dir, daß du alle anderen Geburtstage im Frieden feiern kannst.

Zlata

Freitag, 5. Juni 1992

Dear Mimmy,
der Strom ist schon seit einigen Stunden abgestellt, und wir haben Angst, daß das Zeug im Tiefkühlfach auftaut. Das sind unsere Reserven, die letzten. Wir dürfen sie einfach nicht kaputtgehen lassen. Da drin sind Fleisch, Gemüse und Obst. Was sollen wir tun?

Papa hat auf dem Speicher einen alten Herd entdeckt. Der ist so alt, daß es schon zum Lachen ist. Im Keller haben auch wir Holz gefunden; wie die Bobars. Den Herd haben wir im Hof aufgestellt und alle Lebensmittel gekocht, die im Kühlschrank waren. Die Bobars haben uns ein bißchen geholfen, und wir haben ein Superessen gemacht. Es gab Kalbfleisch, Huhn, Tintenfisch, Kirschstrudel, Fleisch- und Kartoffelpastete – alles, es gab einfach alles! Schade, daß wir so viel auf einmal essen mußten. Wir mußten uns regelrecht den Bauch vollschlagen. Unsere Bäuche werden noch platzen!

Dann haben wir den Kühlschrank und das Tiefkühlfach saubergemacht. Wer weiß, wann wir wieder kochen können. In Sarajevo Lebensmittel zu finden wird zu einem echten Problem. Es gibt nichts mehr zu kaufen, und für die Erwachsenen wird es immer schwerer, Zigaretten und Kaffee aufzutreiben. Die letzten Reserven gehen zu Ende. Lieber Gott im Himmel, werden wir bald auch noch hungern müssen?

Zlata

Mittwoch, 10. Juni 1992

Dear Mimmy,
gestern abend gegen elf Uhr hat es wieder angefangen zu donnern. Nein, kein Gewitter, Kanonen! Wir sind schnell zu Nedo hinübergelaufen. Ich bin die ganze Nacht über dort geblieben. Papa und Mama sind nach Hause zurückgegangen.

Wieder gibt es keinen Strom. Wir kochen im Hof. Das machen alle. Alle unsere Nachbarn. Ich weiß nicht, was wir ohne unseren alten Herd machen sollten.

Papa und Žika spielen ständig am Radio herum, sie suchen Nachrichten. Sie haben's geschafft, RFI [Radio France Internationale] hereinzukriegen, das auf Serbokroatisch ist. Das kommt jeden Abend um neun, und die beiden hören das regelmäßig. Bojana und ich spielen Karten oder Stadt-Land-Fluß oder wir zeichnen.

In Liebe, Deine Zlata

Sonntag, 14. Juni 1992

Dear Mimmy,
es gibt noch keinen Strom, wir kochen wieder im Hof. Wir standen gerade am Mittag neben unserem Herd, da ist genau um zwei eine Granate ins Haus an der Ecke auf der anderen Seite geknallt. Das schöne Juweliergeschäft von Zoki ist hinüber. Wir sind schnell in den Keller gerannt, weil wir dachten, es kommt noch mehr. Doch zum Glück gab es nur eine Explosion, und gegen vier konnten wir wieder raus.

Deine Zlata

Dienstag, 16. Juni 1992

Dear Mimmy,
wir haben keine Fensterscheiben mehr. Nirgends, nur die in meinem Zimmer sind noch heil. Wegen so einer saublöden Granate, die wieder im Geschäft von Zoki gegenüber eingeschlagen ist. Als es passiert ist, war ich gerade allein im Haus. Papa und Mama kochten unten im Hof das Essen, ich war oben und wollte den Tisch decken. Plötzlich hörte ich einen Riesenknall und Scheibengeklirr. Halbtot vor Angst bin ich ins Treppenhaus gestürmt. Da hab ich Papa und Mama an unserer Haustür stehen sehen. Beide waren ganz außer

Atem, schweißnaß und totenbleich; sie haben mich in die Arme genommen, und wir sind in den Keller gerannt, weil gewöhnlich gleich eine ganze Reihe Granaten angeflogen kommt. Als ich begriff, was geschehen war, hab ich einen Heulanfall gekriegt und am ganzen Körper gezittert. Alle haben versucht, mich zu trösten, aber ich war vollkommen verstört. Ich konnte mich kaum beruhigen.

Als wir wieder hinauf sind, lagen überall in der Wohnung Glassplitter, alle Fensterscheiben waren zu Bruch gegangen. Wir haben die Scherben aufgesammelt und die Fenster mit Plastikplanen zugemacht. Es ist ein Wunder, ich bin mit heiler Haut davongekommen. Ich hab die Hülse und die Splitter der Granate in einen Karton getan und dem lieben Gott gedankt, daß ich gerade in der Küche war, als es passierte; sonst hätte ich einen dieser verfluchten Splitter abkriegen können. ES IST DER HORROR! Wie oft habe ich das schon geschrieben? ES IST DER HORROR. Aber jetzt ist es einfach zu viel. Statt des normalen Alltags gibt es nur noch Horror. Vielleicht sollte man in Sarajevo unseren Alltag HORROR nennen, denn genau das ist er.

In Liebe, Zlata

Donnerstag, 18. Juni 1992

Dear Mimmy,
wieder eine schlechte Nachricht heute. Unser Haus in Crnotina, eine fast 150 Jahre alte Festung, ist abge-

brannt. In den Flammen untergegangen wie das Postamt. Ich mochte es so gern, dieses Haus. Letzten Sommer haben wir dort unsere Ferien verbracht. Ich fuhr gerne hin, ich hab es so geliebt. Jedesmal, wenn wir wieder hingefahren sind, hab ich mich gefreut. Und wir hatten es so schön hergerichtet: neue Möbel, neue Teppiche, neue Fenster. Wir haben unsere ganze Liebe, unsere ganze Begeisterung hineingesteckt, und das Haus hat es uns mit seiner Schönheit gedankt. Es hat so viele Jahre, so viele Kriege überstanden, und jetzt... ist nichts mehr davon übrig. Es ist vollständig abgebrannt. Unsere Nachbarn Žiga Meho und Bećir wurden dabei getötet. Das ist noch trauriger. Auch das Haus von Vildana ist abgebrannt. Alle Häuser brennen ab. Eine Menge Leute sind dabei gestorben. Das sind meine schrecklich traurigen Neuigkeiten.

Ich frage mich, warum geschieht das alles? Warum nur? Wer ist daran schuld? Ich zerbreche mir den Kopf darüber, aber ich finde keine Antwort. Ich weiß nur, daß wir immer tiefer im Elend versinken. Und auch, daß die Politik an allem schuld ist. Ich hab schon mal gesagt, daß mich Politik nicht interessiert, aber ich müßte trotzdem ein bißchen auf dem laufenden sein, wenn ich eine Antwort auf die Frage finden will. Einiges kann ich mir ja denken, aber vieles werde ich wohl erst später lernen und begreifen. Papa und Mama sprechen nie mit mir über Politik, bestimmt meinen sie, daß ich noch zu jung bin, oder sie wissen selbst nicht Bescheid. Sie sagen nur immer zu mir: »Das wird ein Ende haben – eines Tages muß das ein Ende haben.« ??????

Deine Zlata

Samstag, 20. Juni 1992

Dear Mimmy,

heute ist Tante Radmila (Mamas Arbeitskollegin) aus Vojničko polje (das ist eine neue Siedlung) gekommen. Ihre Wohnung ist vollkommen kaputt. Es waren Granaten. Alles, was sie hatten, ist futsch. Nichts ist übrig, nichts, außer einem Berg von Dingen, die man nicht mehr benutzen kann: Möbel, Kleider, Bilder, alles, was es eben in einer Wohnung so gibt. Sie ist traurig, weil ihre Töchter nicht bei ihr sind (Sunčica und Mirna sind in Zagreb), doch sie ist auch froh, daß die beiden die Katastrophe in Vojničko polje nicht miterlebt haben. Heute haben wir erfahren, daß Narmin Tulić, ein Schauspieler vom »Kleinen Theater«, beide Beine verloren hat. Wie gräßlich! Gräßlich! GRÄSSLICH!

Saša ist zu seiner Großmutter gefahren. Aber anscheinend kommt er bald wieder zurück.

Deine Zlata

Montag, 22. Juni 1992

Dear Mimmy,

wieder ist Blut in den Straßen von Sarajevo geflossen. Wieder ein Massaker. Diesmal in der Marschall-Tito-Straße. 3 Tote, 35 Verletzte. Auch auf die Radić-Straße, die Miss-Irwin-Straße und die Šenoa-Straße sind Granaten gefallen. Insgesamt starben 15 Menschen. Ich hab Angst, daß es in Mirnas, Marijanas oder Ivanas Familie Opfer gegeben hat.

Und die anderen töten weiter.

MÖRDER!

Mir tun sie beinahe schon wieder leid, weil sie so dumm und sklavisch ausführen, was andere verlangen, weil sie sich dafür nicht zu schade sind. Es ist ENTSETZLICH!!!!!!!!

Deine Zlata

Dienstag, 23. Juni 1992

Dear Mimmy,
heute ist Cicko beinahe gestorben. Er ist aus dem Küchenfenster auf das Zinkdach gefallen. Wir sind sofort in den Hof hinuntergerannt, um ihn aufzuheben. Er lag in einer Ecke seines Käfigs und schlug vor Angst mit den Flügeln. Ich hab versucht, ihn zu beruhigen, und ihm ein bißchen Salat gegeben. Zum Glück lebt er noch.

Heute hat eine Granate den Marktplatz und den Dom getroffen.

Gestern abend wurde um acht Uhr der Strom abgeschaltet. Jetzt ist es halb zwölf nachts, und wir haben immer noch keinen Strom.

HORROR!!!

Zlata

Mittwoch, 24. Juni 1992

Dear Mimmy,
seit Viertel vor zehn läuft das Wasser wieder, aber wir haben immer noch keinen Strom. Halb elf: Wir haben immer noch Wasser. Zwölf Uhr: Jetzt läuft es nicht mehr; aber dafür haben wir jetzt Strom.

YESS!

Mimmy, gerade fällt mir ein, daß all meine Freunde fort sind. Oga, Martina, Mateja, Dejan, Vanja, Andrej. AHHHH!

Bojana und ich dürfen nicht mehr in den Hof, wegen der Granaten. Also spielen wir bei ihr im Treppenhaus »Gummitwist«. Das ist auch nicht schlecht!

Bis jetzt hab ich folgende Bücher gelesen: »Mama, ich hab dich lieb«, »Wenn die Adler sich frühmorgens in die Lüfte schwingen«, und gerade lese ich »Die kleine Toto«.

Deine Zlata

Montag, 29. Juni 1992

Dear Mimmy,
ICH HALTE DIESEN KANONENDONNER NICHT MEHR AUS!!! DIE GRANATEN, DIE STÄNDIG VOM HIMMEL FALLEN!!! DIE VIELEN TOTEN!! UNSERE VERZWEIFLUNG!! DEN HUNGER!! DAS ELEND!!! DIE ANGST!!!

Nur aus diesen Dingen besteht mein Leben!

Man kann doch einer unschuldigen elfjährigen

Schülerin nicht vorwerfen, daß sie lebt!! Einer Schülerin, die keine Schule mehr hat, keine Freude, sich überhaupt nicht mehr wie ein Kind vorkommt. Ein Kind, das nicht mehr spielt, das ohne Freunde, ohne Sonne, ohne Vögel, ohne Natur, ohne Obst, ohne Schokolade, ohne Bonbons ist und nur ein wenig Milchpulver hat. Ein Kind, das – kurz gesagt – keine Kindheit mehr hat. Ein Kriegskind. Jetzt kapier ich wirklich, daß ich mitten im Krieg lebe, daß ich einen schmutzigen, widerlichen Krieg erlebe. Ich und auch Tausende anderer Kinder in dieser Stadt, die langsam zerstört wird, die weint, klagt und auf Hilfe hofft, die nicht kommen wird. Mein Gott, wird das alles eines Tages aufhören, werd ich je wieder in die Schule gehen können und wieder ein Kind werden, das froh ist, ein Kind zu sein? Man hat mir einmal gesagt, die Kindheit wäre die schönste Zeit im Leben. Ich war ein glückliches Kind, aber dieser Krieg hat mir alles genommen. Warum nur? Ich bin traurig. Ich möchte weinen. Ich weine.

Deine Zlata

Donnerstag, 2. Juli 1992

Dear Mimmy,
heute hatten wir eine kleine Freude. Ein Vergnügen, das wir uns selbst verschafft haben. Wir haben die Sauerkirschen gepflückt, die in unserem Hof wachsen. Das war vielleicht eine Menge, sag ich Dir! Wir haben sie schon die ganze Zeit, bis sie reif waren, beobachtet:

Die Knospen, dann die kleinen Blüten, dann die winzigen grünen Früchte, die langsam rot geworden sind. Wir haben gewartet, bis sie gerade recht zum Essen waren. Mmmh, sie waren köstlich! Leider hat unser Pflaumenbaum keine Früchte bekommen, also werden wir dieses Jahr keine Pflaumen essen. Ich hab wahnsinnige Lust auf Obst. Hier, in Sarajevo, mitten im Krieg, haben wir nicht nur zuwenig Grundnahrungsmittel und zuwenig an allem, was man zum Leben braucht, sondern man findet auch überhaupt kein Obst. Und nun hab ich mir doch einmal den Bauch mit Sauerkirschen vollschlagen können.

Mamas Bruder Braco geht es wieder besser. Er erholt sich allmählich und kann schon ein paar Schritte gehen.

Zlata

Freitag, 3. Juli 1992

Dear Mimmy,
Mama geht wieder arbeiten. Sie geht immer dann, wenn gerade keine Granaten und Schüsse fallen, aber man kann nie sagen, wann es wieder anfängt. Es ist gefährlich, in der Stadt herumzulaufen – vor allem, die Brücke in der Nähe zu überqueren, wegen der Heckenschützen. Man muß immer rennen. Jedesmal, wenn Mama das Haus verläßt, schauen Papa und ich ihr vom Fenster aus nach. »Ich hätte nie gedacht, daß die Miljacka so breit ist«, sagt Mama oft. »Man läuft und läuft

und läuft und hat doch das Gefühl, man wird nie das andere Ende der Brücke erreichen«. Das sagt sie, weil sie Angst hat, Mimmy, Angst, es könnte ein Unglück geschehen.

Papa geht nicht zur Arbeit. Er arbeitet nicht. Und so warten wir beide darauf, daß Mama wieder heimkommt. Wenn die Sirenen zu heulen anfangen, machen wir uns Sorgen um sie und fragen uns, wann und wie sie zurückkommen wird. Uhh, welch eine Erleichterung, wenn sie dann da ist!

Neda ist heute gekommen. Sie hat mit uns zu Mittag gegessen. Dann haben wir Karten gespielt. Neda redet davon, nach Zagreb zu ziehen. Mama tut das sehr weh, denn sie kennen sich von Kindheit an. Sie waren immer zusammen, ihr ganzes Leben lang, bis heute. Auch mir würde es sehr leid tun, denn ich mag Neda sehr und ich weiß, daß auch sie mich mag.

Zlata

Sonntag, 5. Juli 1992

Dear Mimmy,
ich kann mich nicht mehr erinnern, wann ich das letzte Mal nach draußen gegangen bin. Das muß fast zwei Monate her sein. Wie gern würde ich meinen Großvater und meine Großmutter sehen. Früher ging ich sie jeden Tag besuchen; ich hab sie seit einer Ewigkeit nicht mehr gesehen.

Ich bin die ganze Zeit über im Haus oder im Keller.

Und so geht meine Kriegskindheit vorbei. Jetzt ist Sommer. Die anderen Kinder haben Ferien, sind am Meer oder in den Bergen, sie baden, sie lassen sich von der Sonne brutzeln, haben Spaß miteinander. Mein Gott, was habe ich verbrochen, daß ich so leben muß. Kinder haben das nicht verdient. Ich fühle mich wie in einen Käfig gesperrt. Den Park vor unserem Haus seh ich nur noch von unseren zerbrochenen Fensterscheiben aus. Der Park ist menschenleer, wie ausgestorben, ohne Kinder und ihr Lachen. Ich höre Explosionen, und um mich herum riecht alles nach Krieg. Mein Leben – das ist nun der Krieg. Lieber Gott, ich kann nicht mehr! Ich möchte hinausschreien, wie elend mir ist, möchte weinen. Wenn ich wenigstens ein bißchen Klavier spielen könnte, doch nein, das darf ich nicht, es steht im »gefährlichen« Zimmer, in das ich nicht mal reingehen darf. Wird das noch lange so weitergehen?????

Zlata

Dienstag, 7. Juli 1992

Dear Mimmy,
gestern, vorgestern und vorvorgestern war das Wasser abgestellt. Heute, seit halb neun, ist es wieder gelaufen. Jetzt haben wir halb elf, und es tröpfelt nur noch ganz wenig.

Wir haben alle Behälter, die wir besitzen, mit dem kostbaren Naß gefüllt, und wir müssen sehr sparsam damit umgehen. In diesem Krieg muß man mit allem sparsam umgehen, mit dem Wasser, den Lebensmitteln.

Mama ist in der Arbeit, Papa liest; ich werde zu Bojana gehen, denn sie schießen nicht mehr.

Zlata

Samstag, 11. Juli 1992

Dear Mimmy,

Nedo hat uns Besuch mitgebracht. Es ist eine kleine Katze. Sie lief hinter ihm her, folgte ihm überallhin, da brachte es Nedo nicht übers Herz, sie draußen zu lassen. Er hat sie hochgenommen und zu uns gebracht. Wie sollen wir sie bloß nennen? Tanjo, Tanjko, Maca, Mikana, Persa oder Cici? Sie hat gelbliches Fell und kleine weiße Pfoten und ein weißes Lätzchen. Sie ist unheimlich süß, aber trotzdem ein bißchen wild.

Zlata

Dienstag, 14. Juli 1992

Dear Mimmy,

am 8. Juli haben wir von den Vereinten Nationen ein Päckchen bekommen. Humanitäre Hilfe. Ein Päckchen mit sechs Büchsen Corned beef, fünf Fischkonserven, zwei Stück Käse, drei Kilo Waschmittel, fünf Stück Seife, zwei Kilo Zucker und fünf Liter Öl. Das Paket ist super. Nur hat Papa vier Stunden dafür anstehen müssen.

Dobrinja ist befreit worden. Auch dort kriegen sie Päckchen von der UNO.

Wir warten, ob der Sicherheitsrat beschließt, in Bosnien-Herzegowina zu intervenieren.

Vorgestern, am 12. Juli, wurden Strom und Wasser abgestellt. Und bis jetzt geht beides nicht. CIAO!

Zlata

Freitag, 17. Juli 1992

Dear Mimmy,
wir haben die Katze CICI genannt. Nedo hat sie gebadet, wir haben ihr Milch, Kekse und… Reis gegeben. Auch sie wird mit dieser Art Nahrung zufrieden sein müssen! Sie ist wirklich süß. Sie hat einen wunderschönen Kopf. Alle sind in sie verliebt, und langsam gewöhnt sie sich an uns. Bojana und ich nehmen sie auf den Schoß, wir streicheln sie, und sie schnurrt dabei. Das beweist, daß sie es mag und zufrieden ist. Sie hat Glück gehabt – das kann man wohl sagen. Sie könnte jetzt tot, von einem Granatsplitter zerfetzt, verhungert oder von einem streunenden Hund gefressen sein. Ja, da hat Nedo tatsächlich ein gute Tat vollbracht. So hat die große Familie, die wir mit unseren Nachbarn sind, ein Mitglied mehr. CIAO!

Zlata

Samstag, 18. Juli 1992

Dear Mimmy,
ich hatte vergessen, Dir etwas zu schreiben: Vor ein paar Tagen sind zwei Mädchen hier im Haus eingezo-

gen. Sie heißen Emina und Samra. Sie sind einfach super. Emina ist wie meine Mutter – beide mögen die gleichen Farben, schauen sich gerne Klamotten an, und beide sind ganz schreckliche Angsthasen. Samra ist aus Grbavica geflüchtet, sie hat alles zurücklassen müssen. Das erträgt sie aber tapfer. Ihre Mutter ist vor einigen Jahren gestorben, das ist wohl der Grund, warum sie so stark wirkt und unsere Lage hier besser aushält. Eminas Schwester hat Samras Bruder geheiratet. Sie heißen Alma und Kemo. Sie haben einen achtjährigen Jungen, Haris, und ein zweieinhalbjähriges Mädchen, Nejra. Samra und Emina reden die ganze Zeit von ihr – sie muß ein süßes kleines Mädchen und immer gut gelaunt sein. Ich würde sie sooo gerne kennenlernen. Ciao!

Zlata

Montag, 20. Juli 1992

Dear Mimmy,
da ich nicht aus dem Haus gehe, schau ich mir die Welt vom Fenster aus an. Das ist aber nur ein kleines Stück von der Welt.

Eine Menge wunderschöner Rassehunde irrt durch die Straßen. Ihre Herrchen haben sie ausgesetzt, weil sie kein Futter mehr für sie haben. Mein Gott, ist das traurig. Gestern hab ich gesehen, wie ein Cockerspaniel über die Brücke lief; er wußte nicht, wo er hingehen sollte. Er war vollkommen verloren. Er machte einige

Schritte, dann blieb er stehen, und dann schaute er zurück. Wahrscheinlich hat er sein Herrchen gesucht. Wer weiß, ob sein Herrchen noch am Leben ist. Hier leiden sogar die Tiere. Sogar sie, der Krieg verschont sie nicht. Ciao!

Zlata

Sonntag, 26. Juli 1992

Dear Mimmy,
gestern hat uns Braco Lajtner besucht. Er hat uns einen Brief von Keka, Martina und Mateja mitgebracht. Sie leiden sehr darunter, daß sie von Braco getrennt sind, und als wir den Brief zusammen gelesen haben, mußten wir alle weinen. Sogar Papa. Es ist hart, im Krieg zu leben, aber es ist genauso hart, aus seinem Heimatort vertrieben zu werden.

Martina und Mateja haben Freunde gefunden, und Martina ist nach Budapest zu dem Konzert von »Guns'n Roses« gefahren.

Ich hab wieder ein paar Bücher gelesen: »Mama, ich hab Dich lieb«, »Die kleine Toto«, »Ringo Starr«, »Der Untergang der Genies«, »Die dürre Stromerin wird high«, »Haiduk in Belgrad«, »Folge mir« und »Das geheime Tagebuch von Adrian Mole«. Fein!

Mamas Bruder Braco ist nicht mehr im Krankenhaus. Er wohnt jetzt bei Opa und Oma. Es geht ihm körperlich und seelisch besser.

Im Bezirksamt finden Sommerkurse statt. Ich habe

mich für Englisch, Informatik und Musik eingeschrieben; Bojana hat sich nur für Informatik eingeschrieben.

Mama hat heute Mišu, Mirnas Vater, getroffen. Er hat gesagt, daß es ihnen allen gutgeht und daß Mirna ihre Zeit genauso zubringt wie ich. Wenn wir uns wenigstens sehen könnten.

Der Sicherheitsrat ist ein hoffnungsloser Fall. Sie kommen einfach zu keiner vernünftigen Entscheidung.

Deine Zlata

Mittwoch, 29. Juli 1992

Dear Mimmy,
Mama ist heute in Tränen aufgelöst von ihrer Arbeit gekommen. Sie hat uns eine sehr, sehr traurige Neuigkeit mitgebracht: Gestern ist Mladjo (der Bruder von Srdjan) vor seinem Haus getötet worden. Heute war die Beerdigung, und Mama hat es erst aus der Zeitung erfahren, als alles schon vorbei war. Gräßlich! Es ist einfach nicht zu glauben, was hier geschieht. Die Menschen sterben, verschwinden, werden beerdigt, und ihre Familien können sie nicht einmal auf ihrer letzten Reise begleiten. Nur Seka, Bokicas Schwester, war bei der Beerdigung. Srdjan und seine Eltern sind in Dubrovnik, und Mladjos Frau ist mit ihren drei Kindern Maja, Bojana und Nebojša in Montenegro. Sie wissen nicht einmal, daß Mladjo tot ist. Wann werden sie es erfahren? Sarajevo ist vom Rest der Welt abgeschnitten... Das Telefon funktioniert nicht mehr. Mein Gott, was wird noch alles passieren?

Bojana, Maja und Nebojša haben keinen Vater mehr. Er ist ihnen von einem widerlichen Krieg genommen worden. Das ist so traurig, so furchtbar traurig. Mladjo war ein wunderbarer Mensch.

In Liebe, Zlata

Dienstag, 4. August 1992

Dear Mimmy,

fünf Monate. Fünf Monate brutale Aggression gegen den souveränen und unabhängigen Staat Bosnien-Herzegowina.

In das Wohnzimmer der Bobars ist eine Kugel geflogen. Sie hat das Fenster kaputtgemacht, die Zimmerantenne des Fernsehapparats durchschossen, ein Stück aus dem Glastisch herausgehauen, einen Sessel durchbohrt und die Glastür zerschlagen, bevor sie auf den Boden fiel. Dann kamen noch drei andere Kugeln. Die erste ist durch die Plastikplane am Fenster geflogen und hat seitlich den großen Wandschrank durchbohrt, Tante Bodas Diplom, das im Schrank lag, gestreift und ist dann heruntergefallen. Die zweite hat ebenfalls das Fenster zertrümmert und ist dann in der Wand steckengeblieben. Die dritte ist durch die Plastikplane geflogen, hat einen Sessel geritzt und ist in den Schrank gedrungen, wo sie einen Büstenhalter angesengt hat, bevor sie runterfiel. PUUH!

Zlata

Mittwoch, 5. August 1992

Dear Mimmy,
noch eine schlechte Nachricht, Mama hat erfahren, daß ihr Onkel (und Halims Großonkel) gestorben ist. Er war schon alt, aber der Krieg hat seinen Tod beschleunigt. Es tut mir weh. Ich bin sehr traurig. Er war ein toller Opa. Ich mochte ihn gern. So ist der Krieg, Mimmy. Man verliert seine Familie und weiß es nicht mal. Außer unseren Nachbarn sehen und hören wir in diesem Krieg keine anderen Leute. Nur mit den Nachbarn haben wir Kontakt. Alles spielt sich in einem kleinen Kreis ab. Alles, was außerhalb geschieht, ist weit weg.
Zlata

Freitag, 7. August 1992

Dear Mimmy,
heute hat es in unserem Viertel von Geschützen nur so gedonnert. Unzählige Granaten schlugen ganz in unserer Nähe ein. Papa war mit Samra weggegangen, um die »humanitäre Hilfe« abzuholen. Alles war ruhig, aber ganz plötzlich hörten wir Kanonenschüsse. Dann Explosionen. Es donnerte. Emina war gerade bei uns. Einmal gab es einen lauten Knall. Fensterscheiben gingen zu Bruch; Dachziegel purzelten herunter, Staubwolken stiegen auf. Wir wußten nicht, wohin wir gehen sollten. Wir waren sicher, daß auf unser Hausdach eine Granate gefallen war. Wir rannten schon in Richtung Keller, als wir Nedo in Panik schreien hörten.

Er rief uns und rannte durch den aufgewirbelten Staub, die Ziegel und die Glassplitter auf uns zu. Wir sind schnell hinunter in den Keller der Bobars. Dort waren schon alle versammelt. Wir haben am ganzen Körper gezittert. Vor allem Mama. Weinend fragte sie, wo Papa wäre, ob er wieder da wäre. Kurz danach haben wir erfahren, daß eine Granate im Dach genau über Eminas Wohnung eingeschlagen war. Wir hatten Glück, denn unser Dach ist nur rund zehn Meter davon entfernt. Alles ist noch mal gutgegangen. Papa und Samra sind zu uns gelaufen. Sie hatten sich um uns Sorgen gemacht. Als wir wieder hinaufgegangen sind, war die Wohnung voller Staub und zerbrochener Dachziegel. Sogar einen Granatsplitter haben wir gefunden – im Badezimmer! Wir mußten die Ärmel hochkrempeln und alles putzen. Ich hatte Angst, daß es noch mal losgeht, aber zum Glück war es vorbei. Wieder ein grauenhafter Tag.

Deine Zlata

Montag, 10. August 1992

Dear Mimmy,

Braco, Mamas Bruder, geht es gut. Er kann auch wieder besser laufen. Heute ist er nach Otes zurück. Er wird im Pressezentrum arbeiten und wird Meldungen über alles verbreiten, was in Otes passiert. Dort geht's den Leuten einigermaßen. Es wird nicht gekämpft, und sie haben zu essen. Um so besser für sie. Meine Cousinen Mikica und Dača fehlen mir. Seit der Krieg losgegangen ist, habe ich sie nicht mehr gesehen.

Deine Zlata

Dienstag, 11. August 1992

Dear Mimmy,
unser Leben in Sarajevo besteht aus Granaten, Tod, Dunkelheit und Hunger. Wie traurig!

Noch immer bin ich nicht aus dem Haus gewesen. Ich spiele mit Bojana und Cici, der Katze. Cici ist in meinem traurigen Leben ein bißchen wie der blaue Himmel. Man kann ein Tier so liebgewinnen! Sie kann ja nicht sprechen, aber sie tut es mit ihrem Blick, ihren kleinen Pfoten, ihrem Miauen. So spricht sie, und ich versteh sie sehr gut. Ich mag dich wirklich sehr, Cici. Ciao!

Zlata

Freitag, 14. August 1992

Dear Mimmy,
gestern sind die Bobars wie immer – und wie jeden Abend – zu uns gekommen, Radio France Internationale zu hören. Bojana und ich haben Karten gespielt. Alle haben sich so gut es ging entspannt, und für eine Weile haben wir vergessen, daß Krieg ist. Gegen halb zehn schlugen dann wieder Granaten ein. Das geschah ganz plötzlich, wie so oft schon. Wir sind schnell in Nedos Wohnung gerannt. Kurz vor Mitternacht ließen die

Schüsse ein bißchen nach, und wir konnten zurückgehen. Man kann sich nie entspannen, dauernd muß man voll da sein!

Zlata

Sonntag, 16. August 1992

Dear Mimmy,
Papa hat sich die Leiste gebrochen. Er hat in letzter Zeit sehr abgenommen, und die Wassereimer waren zu schwer für ihn. Er ist zum Arzt gegangen; der hat gesagt, er darf nichts Schweres mehr tragen. Und das Wasser? Mama wird es holen müssen, sie allein. Wie soll sie das schaffen?

Zlata

Dienstag, 18. August 1992

Dear Mimmy,
Mama holt jetzt immer unser Wasser. Das ist hart für sie, aber wie sollen wir's anders machen? Das Wasser ist abgestellt. Und der Strom auch. Ich sag Dir ganz ehrlich, Mimmy, ich hab vergessen, was das heißt, Wasser aus dem Hahn zu bekommen, richtig duschen zu können. Wir nehmen einen Krug dafür. Ein Krug ist unsere Dusche. Geschirr abspülen und Wäsche waschen tun wir wie im Mittelalter. Mit diesem Krieg kehren wir zu den alten Zeiten zurück. Aber man gewöhnt sich daran, man kann es aushalten. Wie lange noch, weiß kein Mensch.

Zlata

Freitag, 21. August 1992

Dear Mimmy,
jetzt besuche ich in der Sommerschule doch kein einziges Fach, wie ich es vorgehabt habe. Statt dessen hab ich mich für die Gruppe Theater-Literatur angemeldet. Dort haben sie mir befohlen, »Das Gebet von Sarajevo« von Abdulah Sidran vorzusprechen. Das ist super.

Zlata

Dienstag, 25. August 1992

Dear Mimmy,
ich besuche nun regelmäßig die Sommerkurse. Ich gehe gern hin. Dort bin ich mit vielen anderen Kindern zusammen. Wir vergessen dort die Granaten und den Krieg. Die beiden jungen Frauen Maja und Lela, die unserer Lehrerin Irena Vidović helfen, sorgen dafür, daß die Stunden lustig sind. Wir beschäftigen uns mit Literatur, lernen Gedichte aufsagen – also, es macht uns richtig Spaß, zusammen zu sein. Ich hab das Gefühl, wieder in der Zeit vor dem Krieg zu leben. Ich bin so froh, daß ich wieder auf die Straße kann. Ich muß nicht weit gehen – nur rund 200 Meter –, aber wenigstens komme ich ab und zu ein wenig aus dem Haus raus. Papa bringt mich hin. Die Kinder von Sarajevo können nicht mehr allein auf die Straße gehen. Es ist echt nicht auszuhalten, immer eingesperrt zu sein. Wenn ich in meinen Kurs gehe, mach ich mich ein

bißchen zurecht, zieh mich hübsch an. Na, ich will nicht zu arg angeben. Ciao!

Zlata

Samstag, 29. August 1992

Dear Mimmy,
mir geht's ganz gut. Die Angriffe haben aufgehört, ich geh in meine Kurse, ich sehe Maja, Bojana und Neda. Wir sind ausgelassen, albern herum. Manchmal lachen wir soviel, daß wir den Krieg vergessen. So können wir besser durchhalten, wir werden ruhiger. Bis uns ein Kanonenschuß oder eine Explosion in die Wirklichkeit zurückholt. Zuweilen frage ich mich, wie ich das alles ohne Maja, Bojana und Neda aushalten würde. Ich danke euch, Maja, Bojana, Neda, daß ihr mir helft, alles, was hier geschieht, auszuhalten, daß ihr mir die Langeweile vertreibt und es schafft, daß ich ein paar Augenblicke lang diese ganzen Gräßlichkeiten vergesse.

Mimmy, merk Dir ihre Namen gut, damit auch Du Dich immer an sie erinnerst. Ich werde sie immer im Gedächtnis behalten, bestimmt.

Deine Zlata

Donnerstag, 3. September 1992

Dear Mimmy,
die Tage vergehen besser. Zwar fallen in unserer Gegend keine Bomben und Granaten mehr, aber dafür haben wir seit einem Monat schon KEINEN STROM

MEHR! Wenn er doch endlich wiederkommen würde! Ich möchte so gerne über die Brücke und Großvater und Großmutter besuchen. Ich beknie Papa und Mama immer wieder, daß ich darf. Ich bitte und bettle. Werd ich es schaffen??? Abwarten!

Zlata

Dienstag, 8. September 1992

Dear Mimmy,

YESS! YESS! YESS! Wir haben wieder Strom!!!!!!

Morgen hat Mama Geburtstag. Ich hab aus Papier ein Herz ausgeschnitten und HERZLICHEN GLÜCKWUNSCH draufgeschrieben,... und dazu hab ich einen Rosenstrauß aus der Zeitung ausgeschnitten. Mama hat mit dem Teig für einen Schokoladekuchen angefangen, dafür braucht man keinen Strom, aber gerade als der Teig fertig war, war der Strom wieder da... OOHJE!!

Deine Zlata

Samstag, 12. September 1992

Dear Mimmy,

heute hat Tante Boda Geburtstag. Wir haben ihr ein Paar Strümpfe und ein kleines Päckchen Kaffee geschenkt. Das türkische Gebäck war super. CIAO!

Zlata

Sonntag, 13. September 1992

Dear Mimmy,
erinnerst Du Dich an Nejra, das kleine zweieinhalbjährige Mädchen, von dem Samra und Emina dauernd reden? Ich hab Dir gesagt, daß ich sie gern kennenlernen würde – das kleine, goldige Ding –, und nun wohnt sie bei unseren Nachbarn. Eine Granate hat ihr Haus erwischt. Sie konnten dort nicht mehr bleiben. Sie sind zu Samra und Emina gezogen. Die beiden haben recht gehabt. NEJRA IST WIRKLICH GANZ GANZ SÜSS!

Samra hat Arbeit als Maschinenbauingenieurin gefunden, sie arbeitet jeden Tag zwölf Stunden. Ich seh sie fast nicht mehr.

Deine Zlata

Montag, 14. September 1992

Dear Mimmy,
heute haben Alma und Kemo ihren Hochzeitstag gefeiert. Wir haben ihnen einen Halter für Gürtel und Krawatten geschenkt. Es war ein tolles Fest mit Kuchen!

Zlata

Dienstag, 15. September 1992

Dear Mimmy,
ich muß Dir noch eine traurige Nachricht mitteilen. Ein Junge, der mit mir in der Theatergruppe war, ist tot. Eine Granate schlug vor dem Bezirksamt ein, und den Ärmsten hat ein widerlicher Splitter erwischt. Er hieß

Eldin und war aus Grbavica geflohen. Wieder ein unschuldiges Opfer dieses schmutzigen Krieges, ein Kind mehr, das zu den Tausenden von toten Kindern in Sarajevo dazugerechnet werden muß. Das tut mir so weh! Dieser Junge war so lieb. Warum nur, lieber Gott, warum? Glaubst du nicht, daß es nun reicht?

Zlata

Donnerstag, 17. September 1992

Dear Mimmy,
heute ist Almas Geburtstag. Wir haben ihr zwei Haarshampoos – »auf pflanzlicher Basis« steht darauf – geschenkt. Es war super zusammen und doch... ich schaute gerade aus dem Fenster, als es über den Hügeln aufleuchtete. Ein Zeichen, das ich kenne, das in Kriegszeiten leider nicht selten ist. Und dann plötzlich... Wumm! explodierten die Fensterscheiben, fiel der Putz von den Wänden. Eine Granate war vor dem »22. Dezember« niedergegangen (das ist ein Laden ganz in unserer Nähe), und ich hab vom vierten Stock aus alles gesehen. Wir sind zu Nedo gerannt. Dort haben wir ferngesehen.

Almas Geburtstagfest war nicht schlecht, aber es wäre noch schöner gewesen, wenn die Granate nicht alles verdorben hätte.

Deine Zlata

Freitag, 18. September 1992

Dear Mimmy,
wie Du siehst, feiern wir jeden Geburtstag und versuchen dabei, den Krieg zu vergessen. Wir versuchen, unser Leben, das immer abwegiger wird, fröhlicher zu machen. Manchmal sag ich mir, daß das überhaupt kein richtiges Leben ist, daß wir nur so tun, als würden wir leben.

Wieder ist der Strom abgestellt. BUHUHU! SCHNIEF! SCHON WIEDER FINSTER! UND WAS JETZT!!!

Zlata

Samstag, 19. September 1992

Dear Mimmy,
gestern abend hatten wir wieder Strom. YESS!

Und heute morgen...war er wieder weg. SCHNIEF! ABER HEUTE ABEND IST ER BESTIMMT WIEDER DA. Mit dem Wasser gibts kein Problem. (KLOPF! KLOPF! – hoffentlich bleibt es uns erhalten.)

YESSS! Wir haben Strom! Ich geh mir den Film »Wie das Ausland uns sieht« anschauen. YESS!

Deine Zlata

Sonntag, 20. September 1992

Dear Mimmy,
JUPPIE! Ich bin über die Brücke gegangen! Ich war draußen. Ich kann's kaum glauben. Die Brücke ist immer noch die alte, steht da wie früher. Aber sie wirkt

traurig wegen der alten Post, die noch trauriger aussieht. Sie steht immer noch an der gleichen Stelle, doch der Brand hat sie schon ganz schön zugerichtet. Sie steht da wie eine Mahnung an die ungeheure Zerstörungswut.

Die Straßen sind auch nicht mehr wie früher, kaum jemand geht raus, alle Leute sind ängstlich, traurig, jeder hat's eilig und zieht den Kopf ein. Die Schaufenster sind kaputt, und die Geschäfte sind geplündert worden. Meine Schule wurde von einer Granate getroffen, das Obergeschoß ist kaputt. Auch das Theater ist von diesen verdammten Granaten getroffen und ziemlich beschädigt worden. Es ist furchtbar, wie viele alte Häuser in Sarajevo Wunden bekommen haben.

Ich bin zu Opa und Oma gegangen. Wir haben uns ganz fest umarmt und auf beide Wangen geküßt. Sie haben vor Freude geweint. Es tut mir weh, daß sie in vier Monaten so dünn und alt geworden sind. Sie haben gemeint, daß ich gewachsen und jetzt ein großes Mädchen bin. So ist das im Leben. Die Kinder werden größer, und die alten Leute werden alt. Zumindest die, die noch nicht tot sind.

Es gibt sooo viele Erwachsene und Kinder aus Sarajevo, die nicht mehr am Leben sind. Der Krieg hat sie uns weggenommen. Lauter Unschuldige. Unschuldige Opfer dieses schmutzigen Krieges.

Wir haben Marijanas Mutter getroffen. Sie sind nicht geflohen. Sie leben alle und sind gesund. Sie hat mir gesagt, daß Ivana nach Zagreb gefahren ist – mit dem jüdischen Konvoi. [Ein Konvoi, den vermutlich die jüdische Gemeinde in Sarajevo organisiert hat, so wie die meisten Nationalitäten-Vereinigungen es auch tun; soweit bekannt, spielen für die Aufnahme in einen Konvoi Nationalität und Konfession keine Rolle.]

Wir sind auch zu Doda [einer Freundin] gegangen. Sie war ganz platt, mich zu sehen. Sie hat angefangen zu weinen und gesagt, daß ich gewachsen bin. Slobo [ihr Mann] ist verwundet worden, aber jetzt geht es ihm besser. Von Dejan, ihrem Sohn, haben sie keine Nachricht. Doda macht sich um ihn Sorgen.

Mimmy, ich muß Dir etwas gestehen: Ich hatte mich richtig »aufgetakelt« und mein zweiteiliges Kleid aus kariertem Stoff angezogen. Meine Schuhe drückten ein bißchen, weil meine Füße gewachsen sind, aber das war nicht so schlimm.

Und das war mein Wiedersehen mit der Brücke, der alten Post, Großvater und Großmutter, mein Wiedersehen mit Sarajevo, meiner verwundeten Stadt. Wenn der Krieg endlich aufhört, werden ihre Wunden schon verheilen! Ciao!

Zlata

Montag, 21. September 1992

Dear Mimmy,
ich bin froh, daß ich gestern durch die Straßen von Sarajevo spaziert bin, aber es hat mich auch traurig ge-

macht. Noch immer seh ich meine Schule, das Postamt, die fast menschenleeren Straßen, die ängstlichen Leute, die geplünderten Geschäfte vor mir.

Ich hab Bojana, Maja und Neda ganz stolz erzählt, daß auch ich unsere Schule und alles andere wiedergesehen habe; *sie* gehen ja oft raus. Aber mein Papa und meine Mama haben mich bis gestern nicht gelassen. Sie haben Angst. Na schön, die Mädchen sind ja auch älter als ich.

Jetzt kann ich also auch sagen, daß ich Mut habe. Den Mut, in den Straßen von Sarajevo herumzulaufen.

Gestern haben sie im Radio gesagt, daß die letzte Hochspannungsleitung zerstört worden ist; über die ist die Stadt mit elektrischer Energie versorgt worden. Das heißt, daß es heute abend keinen Strom geben wird. Wir werden im Dunkeln sitzen.

Deine Zlata

Montag, 28. September 1992

Dear Mimmy,

O WEH!! Kein Strom, kein Wasser! Heute morgen ist kein Wasser gekommen. Die »Jungs da oben« haben den Hahn abgedreht. O WEH!

Vor einer Woche hatte Lela (eine Freundin von Maja) Geburtstag. Ich hatte mir extra dafür die Haare schneiden lassen. Weißt Du, wer mich frisiert hat? Alma, unsere Nachbarin, denn die Friseurläden sind immer noch zu. Aber die Haare wachsen trotzdem!

Vor zwei Tagen hatte Avdo, Lelas Vater, Geburtstag, aber an diesem Tag gab es Angriffe, und wir konnten nicht hingehen. Mich hat das traurig gemacht, das sind die einzigen Tage, an denen alle Nachbarn ein bißchen lockerer sind und in guter Stimmung zusammensitzen. Und so eine Feier ist wesentlich schöner, als sich immer nur im Keller zu treffen. Deshalb lieb ich die Geburtstage so.

Heute hat uns Neda besucht. Ich glaub, sie wird nach Zagreb gehen. Anfang Oktober fährt wieder ein jüdischer Konvoi ab. Sie will versuchen, einen Platz zu bekommen. Mein Gott, nun verläßt uns auch Neda. Mama ist sehr traurig darüber.

Zlata

Mittwoch, 30. September 1992

Dear Mimmy,
es gibt keinen Strom, und wahrscheinlich wird das eine ganze Weile so weitergehen. Die Batterien sind leer. Papa hat eine Batterie aus dem Auto geholt und das Radio drangeschlossen. So können wir die Nachrichten hören, aber keine Musik, denn wir müssen sparsam sein.

Im Radio haben sie gerade gesagt, daß eine Menge Moslems und Kroaten aus Grbavica vertrieben worden sind. Wir warten auf Mamas Verwandte, Nedos Eltern und Lalo, einen Freund von uns.

Zlata

Donnerstag, 1. Oktober 1992

Dear Mimmy,
nach dem Frühling und nach dem Sommer kommt nun der Herbst. Wir haben bereits Oktober. Und der Krieg geht weiter. Die Tage werden kürzer und immer kälter. Bald müssen wir den alten Ofen in die Wohnung hinaufschleppen. Aber mit was sollen wir heizen? Haben die uns hier in Sarajevo vergessen? Sollen wir wirklich den ganzen Winter über ohne Wasser, Gas und Strom auskommen und das mitten im Krieg?

Und die ganze Zeit über streiten und verhandeln die »Jungs da oben«. Ob sie jetzt bald mal die Güte haben, sich zu einigen? Ja oder nein? Man muß sich wirklich fragen, ob die überhaupt an uns denken, wenn sie verhandeln, oder sind wir ihnen ganz egal, überlassen sie uns unserem traurigen Schicksal?

Papa stöbert im Speicher und im Keller herum und sucht nach Holz. Ich fürchte, einige unserer Möbel werden im Ofen enden, wenn die Lage vor dem Winter nicht besser wird. Auch hab ich das Gefühl, daß uns alle vergessen haben und daß dieser Wahnsinn immer so weitergeht. Wir müssen da allein durch, uns muß selbst was einfallen, wie wir mit dem Winter fertig werden, der uns zu allem anderen noch droht.

Mama ist völlig von der Rolle aus der Arbeit gekommen. Sie hat zwei Kollegen aus Grbavica getroffen. Es stimmt anscheinend, daß die Leute dort massenweise vertrieben werden. Von Mamas Familie, von Nedos

Familie, von Lalo – keine Spur, kein Lebenszeichen. Nedo ist halbtot vor Sorge.

Deine Zlata

Sonntag, 4. Oktober 1992

Dear Mimmy,

YESS! Kein Wasser!

YESS! Auch kein Strom!

YESS! YESS! YESS!

Aber Mirna ist gekommen!

Meine absolute Superfreundin.

MIRNA.

Ihre Haare sind wahnsinnig lang geworden. Sie ist eine richtige Modeschöpferin geworden. Sie hat jetzt einen Dalmatinerhund, der Gule heißt und immer um sie herumschwänzelt.

Sie ist nicht dünner geworden, eher das Gegenteil. Nachdem wir uns umarmt hatten, wußten wir erst mal überhaupt nicht, wo wir anfangen sollten; wir hatten uns sooo lange nicht gesehen. Der Krieg hat uns getrennt, darüber haben wir dann geredet. Aber am wichtigsten ist, daß wir wieder zusammen sein können. Ich hab ihr versprochen, daß ich sie diese Woche besuche (außer wenn sie schießen, dann natürlich nicht).

Dear Mimmy, ich hab Dich lieb,

Zlata

Montag, 5. Oktober 1992

Dear Mimmy,

Opa und Oma heizen mit Erdgas. Oma geht jetzt zu Neda zum Kochen, denn die hat einen Gasherd. Wir haben kein Wasser und keinen Strom mehr, und jetzt ist auch noch das Gas weg!

Deine Zlata

Mittwoch, 7. Oktober 1992

Dear Mimmy,

jetzt ist Neda wirklich abgefahren. Alle sind traurig darüber, besonders Mama. Neda wird uns fehlen, aber wir werden es ertragen müssen, daß der Krieg uns von unseren Freunden trennt. Wie viele Menschen werden noch fortgehen?

Mimmy, ich muß weinen und kann nicht mehr weiterschreiben.

In Liebe, Zlata

Sonntag, 11. Oktober 1992

Dear Mimmy,

das war ein Tag, den werden wir nie vergessen. Heute haben meine Eltern und ich den alten Ofen in die Küche geschleppt. Jetzt haben wir's schön warm und gemütlich. Papa, Mama und ich konnten uns waschen. Zwar mit Regenwasser, aber das macht nichts. Alle sind jetzt sauber, und wir frieren nicht mehr so fürchterlich wie in den letzten Tagen.

Wir haben immer noch kein Wasser und keinen Strom.

Deine Zlata

Mittwoch, 14. Oktober 1992

Dear Mimmy,
ich schreibe Dir bei Kerzenlicht (hab dafür eine meiner schönsten Kerzen genommen). Es ist mir zwar nicht leichtgefallen, sie anzuzünden, aber was soll's? Licht braucht man. Heute bin ich zu Mirna gegangen. Sie hat mir ihre neuesten Kleiderentwürfe gezeigt und mir Gule vorgestellt. Er ist niedlich, hat aber keinen einzigen Farbtupfer auf dem Kopf.

Zwei wundervolle Stunden lang war ich dort. Eine gute Nachricht:

WIR HABEN WIEDER GAS!

YESSS!

Zlata

Freitag, 16. Oktober 1992

Dear Mimmy,
ich geh immer mal wieder in das »gefährliche« Zimmer, wo unser Klavier steht, und spiele ein paar Tonleitern. Dann ist es wie vor dem Krieg. Die Jahorina, das Meer, Crnotina, meine Freunde, die schöne Zeit, die wir zusammen verbrachten, das kommt alles wieder hoch. Ich weine, die Tränen laufen mir die Backen hinunter. Lieber Gott, was hat man mir alles genommen.

Mirna war heute bei mir. YESS!

Immer noch kein Wasser und kein Strom, zum Glück aber wieder Gas. So haben es Opa und Oma auch warm.

Deine Zlata

Mittwoch, 21. Oktober 1992

Dear Mimmy,
heute hat Papa Geburtstag. Ich hab ihm einen dicken Schmatz gegeben und »Herzlichen Glückwunsch, Papa« gesagt. Wir haben Pralinen »à la Mirna« gemacht.

Mimmy, ich muß Dir etwas erklären: Wie Du weißt, vertrau ich Dir (fast) jeden Tag was an. Daß ich Kurse im Bezirksamt besucht habe, weißt Du also. Wir haben uns dort getroffen, Theater gespielt, Gedichte aufgesagt und – was am interessantesten war – auch geschrieben. Das war herrlich! Bis so eine verdammte Granate unseren Freund ELDIN zerfetzt hat.

Maja arbeitet immer noch mit unserer Lehrerin Irena Vidović. Weißt Du, was mich Maja eines Tages gefragt hat?

»Schreibst du Tagebuch, Fipo?« (Fipo ist mein Spitzname.)

»Ja«, hab ich gesagt.

»Schreibst du da deine Geheimnisse rein oder über den Krieg?«

»Ja, jetzt schreibe ich über den Krieg.«

»Fipo«, hat sie gesagt, »du bist einmalig!«

Das hat sie gesagt, weil ein paar Leute das Tagebuch eines Kindes veröffentlichen wollen. Und dieses Tagebuch wird vielleicht meines sein, also DU, MIMMY. Ich werde also einen Teil der Briefe, die ich an Dich schreibe, in ein anderes Heft übertragen, und dann gehst Du, Mimmy, zum Stadtrat, der Dich zur Kontrolle lesen will. Mimmy, gerade hab ich erfahren, daß Du veröffentlicht wirst. Für die UNICEF-Woche wird ein Buch herausgebracht. Und das hab ICH geschrieben! SUPER! Einfach Klasse.

Noch eine Superneuigkeit – es gibt wieder Strom. Nein, leider doch nicht; es ist jetzt Viertel vor sechs abends, und der Strom wurde abgestellt. Samra sagt, der wird bald wiederkommen. Hoffentlich hat sie recht. Ciao!

Zlata

Samstag, 24. Oktober 1992

Dear Mimmy,

Du kennst doch Lalo und Alma. Sie sind aus Grbavica, dem besetzten Teil von Sarajevo. Lalo war mit anderen Gefangenen zur Arbeit eingeteilt. Eines Tages mußten sie die Leichen von Tschetniks aufsammeln. Dabei sind sie von »unseren Leuten« festgenommen, ins Gefängnis gesteckt und – da man sie für verdächtig hielt – erst nach einigen Tagen wieder freigelassen worden. So ist Lalo nach Sarajevo, zu seiner Mutter, gekommen, aber seine ganze übrige Familie ist noch dort. Er hat versucht, Alma und die Kinder in einer Austauschaktion aus Grbavica herauszuholen und... ER HAT ES GESCHAFFT! SUPER!

Deine Zlata

Montag, 26. Oktober 1992

Dear Mimmy,
heute haben wir Alma, Anja und Maja [Lalos Frau und Kinder] besucht. Sie leben jetzt in unserer Nähe, in Zvijezda. Sie stehen noch unter Schock, auch wenn alles gut ausgegangen ist. Das Wichtigste ist, daß sie wieder zusammen sind. Sie sind traurig, denn sie haben all ihre Sachen in Grbavica lassen müssen. Anja ist noch ganz klein, und sie fragt ständig, wann sie denn wieder nach Hause fahren. Was soll man ihr sagen, sie kapiert ja gar nichts. Sie will ihre Puppen, ihr Bett. Es ist einfach schrecklich!

Zlata

Dienstag, 27. Oktober 1992

Dear Mimmy,
bei den Bobars reden sie davon, daß Maja und Bojana nach Österreich ausreisen sollen. Aber das geht doch nicht! Die werden mich doch nicht auch noch im Stich lassen! Ich trau mich überhaupt nicht, daran zu denken. Auch sie sind nicht gerade begeistert. Wir werden ja sehen. Angeblich soll wieder ein jüdischer Konvoi aus Sarajevo abfahren.

Deine Zlata

Donnerstag, 29. Oktober 1992

Dear Mimmy,

Mama und Tante Ivanka [eine Arbeitskollegin] haben ein Stipendium für einen Lehrgang in Holland bekommen. Sie haben einen Schutzbrief gekriegt, und ich soll sie begleiten. Jetzt steckt Mama in einem schönen Dilemma! Wenn sie zusagt, muß sie Papa, ihre Eltern und ihren Bruder hier zurücklassen. Ich finde, da hat sie eine sehr schwere Entscheidung zu treffen. Wenn ich so darüber nachdenke, bin ich eigentlich dagegen. Und im nächsten Augenblick denk ich an den Krieg, an den Winter, an meine Kindheit, die man mir gestohlen hat, und ich will weg. Dann muß ich an Papa, an Großvater und Großmutter denken, und sofort hab ich nicht mehr die geringste Lust abzuhauen. Es ist schwer, sich vernünftig zu entscheiden. Ich bin ganz nervös, Mimmy. Ich kann gar nicht mehr weiterschreiben.

Deine Zlata

Montag, 2. November 1992

Dear Mimmy,

Mama hat mit Papa, Großvater, Großmutter und mit mir überlegt, was dafür und was dagegen spricht, und dann beschlossen zu fahren. Was sie letztendlich dazu gebracht hat... bin ICH! Alles, was hier in Sarajevo geschieht, ist schon jetzt zuviel für mich, und der kommende Winter wird alles noch schlimmer machen. Also gut. Und trotzdem... Aber vielleicht ist es wirklich besser, wenn ich fahre. Ich kann wirklich nicht mehr. Heute hab ich mit Tante Ivanka geredet, und sie hat mir gesagt, daß vor allem die Kinder unter diesem Krieg leiden und daß man alles tun sollte, um sie hier rauszuholen. Papa wird schon durchhalten, und vielleicht schafft er es nachzukommen. Ciao!

Zlata

Freitag, 6. November 1992

Dear Mimmy,
Mama und Tante Ivanka setzen Himmel und Hölle in Bewegung, um an die Papiere zu kommen, denn jeder, der aus Sarajevo raus will, braucht eine Unmenge Formulare mit Unterschriften. Eins ist jetzt sicher: Maja und Bojana werden nach Österreich fahren. Sie haben sich für den jüdischen Konvoi angemeldet. Vielleicht fahren wir mit dem gleichen Konvoi.

Zlata

Freitag, 13. November 1992

Dear Mimmy,
wir sind zu Bobars gegangen. Maja und Bojana packen ihre Koffer. Morgen fahren sie. Alle waren traurig. Jedem stand das Wasser in den Augen.

Kannst Du Dir vorstellen, Mimmy, was es bedeutet, Koffer für eine so lange Reise zu packen, und das bei Kerzenlicht? Man kann nur raten, was man gerade in der Hand hat, sehen tut man praktisch nichts. Na ja, ich denke, sie haben trotzdem das Nötigste einpacken können. Morgen werden wir sie begleiten. Der Konvoi fährt in der Früh um neun ab.

Mama hat es noch nicht geschafft, alle Papiere zusammenzubringen, deshalb bleiben wir erst mal hier. Wir fahren dann mit einem anderen Konvoi.

Zlata

Samstag, 15. November 1992

Dear Mimmy,
es ist furchtbar, wie viele Menschen Sarajevo verlassen haben. Alle bekannten Leute. »Ganz Sarajevo reist aus«, hat Mama gesagt. Und Papa und Mama kennen viele von diesen Menschen. Sie haben viel miteinander geredet, und genau als alle abgefahren sind, sagten sie: »Irgendwann und irgendwo werden wir uns eines Tages hoffentlich wiedersehen.« Es war traurig. Traurig, ging an die Nieren. Wir werden diesen 14. November 1992 in Sarajevo nie vergessen. Ich mußte an Filme denken, die ich über die Juden während des Zweiten Weltkrieges gesehen habe.

Als wir wieder nach Hause kamen, gab es Strom. Papa ist sofort mit der elektrischen Säge in den Keller gegangen, um Holz zu zerkleinern. Plötzlich ist er zu uns raufgerannt, und seine Hände waren voll Blut. Es tropfte nur so auf den Boden. Mama hat ihn sofort zur Erste-Hilfe-Station und von da aus ins Krankenhaus gebracht; dort haben sie die Wunde genäht und ihm eine Tetanusspritze gegeben. Nun muß er alle drei Tage hingehen, damit sie sehen, ob alles in Ordnung ist. Er hat noch Glück gehabt. Der Finger hätte ab sein können. Einen Moment lang hat er nicht richtig aufgepaßt, hat er gesagt, weil er immer das Gebäude der jüdischen Gemeinde vor seinen Augen gesehen hat, wo die Menschen Sarajevo verlassen haben. Bekannte fahren fort, und unsere Stadt verliert eine Unmenge wunderbarer Menschen, die aus Sarajevo das gemacht haben, was es war. Es ist der Krieg, der sie vertreibt, es ist dieser Irrsinn, der hier seit siebeneinhalb Monaten tobt.

EIN SEHR, SEHR SCHLIMMER TAG!

In Liebe, Zlata

Dienstag, 17. November 1992

Dear Mimmy,
wie Du siehst, bleibe ich allein zurück, ohne Maja und Bojana. Sie fehlen mir sehr. Zum Glück ist Nedo noch da. Er versucht mich zu trösten und gibt sich alle Mühe, sie mir beide zu ersetzen. Auch Cici ist noch da. Sie ist genauso bekümmert wie ich, fast könnte man glauben, sie weiß, daß Maja und Bojana nicht mehr da sind. Auf ihre Art bringt sie ein bißchen Sonne in diese trüben Tage.

Zlata

Donnerstag, 19. November 1992

Dear Mimmy,
von der Politik gibt's nichts Neues. Sie verabschieden Resolutionen, die »Jungs da oben« diskutieren und verhandeln, und in der Zwischenzeit sterben wir, frieren wir, verhungern wir, weinen wir, verabschieden wir uns von unseren liebsten Freunden.

Die ganze Zeit versuche ich, diese blöde Politik zu kapieren, denn ich hab wirklich das Gefühl, *sie* hat diesen Krieg ausgelöst, und es ist ihre Schuld, daß der Krieg unser Alltag geworden ist. Der Krieg ist in unser Leben eingebrochen, er hat es zu einem einzigen Horror gemacht, und heute ist nicht mal mehr für eine Sekunde Ruhe, wir haben nur noch Angst. Ich hab den Eindruck, daß die Politik bedeutet: Serben, Kroaten und Moslems. Das sind aber doch alles Menschen. Alle sind gleich. Einer ist wirklich wie der andere. Daß alle Arme, Beine und einen Kopf haben, daß sie laufen, sprechen, aber jetzt will man sie unbedingt anders machen als die anderen.

Unter meinen Schulkameraden und Freunden und in meiner Verwandtschaft gibt es Serben, Kroaten, Moslems. Wir sind also eine ganz gemischte Gruppe Leute, und ich hab mir nie überlegt, wer Serbe, Kroate oder Moslem ist. Und jetzt hat sich die Politik da hineingemischt. Sie hat den Serben ein »S«, den Moslems ein »M« und den Kroaten ein »K« umgehängt. Sie will sie auseinanderbringen. Und sie hat diese Buchstaben mit einem Stift geschrieben, der so schwarz ist wie der Tod. Es ist der Stift des Krieges, der nur Unglück und Grauen schreiben kann.

Warum macht uns die Politik so unglücklich, warum will sie uns voneinander trennen, wo wir doch auch ohne sie wissen, wer gut und wer schlecht ist? Mit den guten Menschen sind wir zusammen, mit den schlechten nicht. Unter den Guten gibt's Serben, Kroaten und Moslems. Und auch unter den Schlechten gibt es alle drei. Ich geb ja zu, ich versteh nicht viel von Politik, ich bin noch »klein«, und das ist Sache der »Großen«. Aber trotzdem hab ich das Gefühl, daß wir »Kleinen« eine bessere Politik machen würden. Wir hätten bestimmt keinen Krieg angefangen.

Die »Jungs da oben« haben ihren Spaß, und deshalb können wir keinen Spaß mehr haben. Deswegen verhungern wir, leiden wir, dürfen wir uns nicht mehr an der Sonne, an den Blumen erfreuen – deswegen können wir unsere Kindheit nicht genießen. DESWEGEN WEINEN WIR.

Ich hab hier ein bißchen so vor mich hin philosophiert, aber ich war allein und ich hatte das Gefühl, daß ich Dir, Mimmy, das alles sagen kann. Du verstehst mich. Ich bin so froh, daß ich Dich habe, daß ich Dir schreiben kann.

In Liebe, Zlata

Freitag, 20. November 1992

Dear Mimmy,

auch Doda ist gefahren, mit dem slowenischen Konvoi. Wir haben es nicht geschafft, in dem Konvoi auch einen Platz zu ergattern. Heute bin ich zu Mirna gegangen. Ihre Mutter versucht auch, sich für einen Konvoi anzumelden. Wenn sie es schafft, wird Mirna mit ihr nach Slowenien oder auf die Insel Krk fahren. Mama hat Marijanas Mutter getroffen – sie gehen nach Zaostnog, an die Adriaküste. Eigentlich warten alle auf irgendeinen Konvoi.

Mirna kommt mich am Montag besuchen (wenn nicht geschossen wird). Wir haben folgendes ausgemacht: Von jetzt an kommt sie montags zu uns, und ich besuche sie freitags. Wenn sie nicht schießen. HÖRT DOCH ENDLICH DAMIT AUF!!!

Deine Zlata

Mittwoch, 25. November 1992

Dear Mimmy,

sie schießen wirklich ein bißchen weniger.

Ich hör eine Motorsäge kreischen. Durch den Winter und die Stromsperren müssen hundertjährige Bäume, die die Alleen und Parks von Sarajevo verschönert haben, sterben.

Heute war ich traurig. Ich konnte es nicht ertragen zu sehen, wie die Bäume aus meinem Park nach und nach verschwinden. Lieber Gott, was hat mein Park nicht alles Schlimmes erlebt! Die Kinder haben ihn verlassen, Nina hat ihn für immer verlassen, und nun verlassen ihn auch die Linden, die Birken und Platanen für immer. Wie furchtbar traurig ist das! Ich konnte gar nicht hinschauen. Und ich kann nicht mehr schreiben.

Zlata

Sonntag, 29. November 1992

Dear Mimmy,
es ist kalt. Wir haben nicht genug Holz und verwenden es nur äußerst sparsam.

Wir kaufen es auf dem Markt, aber wie alles andere auch müssen wir es mit deutschem Geld bezahlen, und das ist teuer. Ich hab das Gefühl, daß dieses Holz zum Teil von den Linden, Birken und Platanen in meinem Park stammt. Heute muß man in Devisen für sie bezahlen.

Braco Lajtner kommt uns jeden Tag besuchen. Wir essen zusammen zu Mittag, und da er allein ist, bleibt er bis zum Abend bei uns. Dann geht er nach Hause, in ein leeres und kaltes Haus. Wie gräßlich!

Mama holt immer noch unser Wasser, und wenn es regnet, sammeln wir Regenwasser. Wir sind froh, daß wir es haben.

Die Tage werden immer kürzer, und es wird immer früher dunkel. Papa, Mama und ich spielen bei Kerzenlicht Karten, oder wir lesen oder unterhalten uns; abends gegen neun kommen dann Boda, Žika und

Nedo, um Radio France Internationale zu hören, und so geht der Tag zu Ende. Auch fast alle anderen Tage vergehen so. Ciao!

Zlata

Donnerstag, 3. Dezember 1992

Dear Mimmy,
heute hab ich Geburtstag. Mein erster Geburtstag im Krieg. Ich bin jetzt zwölf Jahre alt. Herzlichen Glückwunsch. Alles Gute zum Geburtstag.

Der Tag hat mit Küssen und guten Wünschen begonnen. Zuerst waren Papa und Mama dran, dann die anderen. Papa und Mama haben mir ein chinesisches Waschbeutelset mit Blumenmuster geschenkt!

Der Strom war gesperrt, wie üblich. Tante Melica ist mit ihrer Familie (Kenan, Naida, Nihad) gekommen, sie haben mir ein Buch geschenkt. Auch Braco Lajtner kam natürlich. Und heute abend wird bei uns die ganze Nachbarschaft eintrudeln. Ich hab Schokolade, Vitamintabletten, ein orangefarbenes Stück Seife (in Herzform), einen Schlüsselanhänger, in dem ein Foto von Maja und Bojana ist, einen Anhänger mit einem Mondstein, einen Ring aus Silber und Ohrringe (genau die, die ich wollte) bekommen.

Wir haben einen hübschen Geburtstagstisch gedeckt und Croissants, Panzerotti, Reissalat mit Fisch, Karamelcreme, Dosenwurst, Pita und natürlich Torte aufgetischt. Aber es war nicht wie sonst. Schließlich ist

Krieg. Zum Glück wurde nicht geschossen, und so konnten wir in Ruhe feiern.

Es war schön, aber irgendwas hat gefehlt. Der Frieden!

Deine Zlata

Freitag, 4. Dezember 1992

Dear Mimmy,
was in Otes geschieht, ist furchtbar. Alles brennt. Man hört bis hierher, obwohl wir doch zehn Kilometer weit weg sind, ununterbrochen die Kanonen donnern. Unter den Opfern sind viele Zivilisten. Wir haben Angst um Braco, Seka, Mikica und Dačo. Mama weicht keinen Schritt vom Radioapparat. Braco hat uns gestern abend vom Pressezentrum aus angerufen. Was wird mit ihnen geschehen? Bis jetzt ist da oben alles gut gewesen. Keine Kämpfe, sie hatten zu essen, man hätte dort glauben können, daß Frieden ist. Nie kann man vorher wissen, wo oder wann dieser schmutzige Krieg ausbrechen wird.

Zlata

Sonntag, 6. Dezember 1992

Dear Mimmy,
eine sehr traurige Nachricht. Ganz Otes ist nur noch Schutt und Asche, die Flammen haben es gefressen. Alles ist verbrannt. Die Menschen sind tot oder geflohen, manche sind auf der Flucht gestorben, andere liegen unter den Trümmern, und keiner kann sie rausho-

len. Eltern haben ihre Kinder verloren, Kinder haben ihre Eltern verloren. Es ist das schiere Grauen. Wieder nichts als Grauen und Horror.

Zum Glück konnten Braco, Seka, Mikica und Dačo unverletzt rauskommen. Jemand hat Seka, Mikica und Dačo im Auto mitgenommen, und Braco ist zu Fuß geflohen. Trotz seines kaputten Beins konnte er laufen, auch wenn er dabei immer wieder gestürzt ist. Er hat sich versteckt, dann ist er durch die Dobrinja geschwommen und hat schließlich hier seine Pressestation erreicht.

Er war mit Miša Kučer, seinem besten Freund, zusammen (beide haben darüber berichtet, was in Otes passiert ist). Plötzlich wurde Miša von einer Kugel getroffen, er fiel um und war tot. Er ist für immer dort geblieben. Braco hat nur noch Zeit gehabt, den Leichnam bis zu einem Haus zu schleppen, dann mußte er fliehen, sonst wäre auch er umgekommen. Es ist fürchterlich. Fürchterlich, wenn man sich so ohnmächtig fühlt und seinem Freund nicht helfen kann. Mein Gott, lieber Gott, du bist doch so gut, was wird aus uns? Wie lange wird das noch so weitergehen?

Deine Zlata

Donnerstag, 10. Dezember 1992

Dear Mimmy,
Braco und seine Familie gehören zu den vielen hundert Familien von Sarajevo, die alles, einfach alles verloren

haben. Alles ist zerstört worden. Aber sie sind wenigstens mit dem Leben davongekommen. Das ist das Wichtigste.

Sie wohnen bei Sekas Mutter. Sie haben uns besucht. Sie waren traurig und weinten. Was sie hinter sich haben, ist fürchterlich. Sie brauchen Ruhe und Frieden. Aber wie sollen sie das hier finden? Wir werden für sie tun, was wir können. Mama hat ihnen einige Kleider gegeben, denn es ist kalt und sie haben nichts. Auch die anderen haben ihnen geholfen. Und sie werden ihnen weiter helfen. Was für ein Glück, daß es noch freundliche Menschen gibt, die immer denen helfen, die schlecht dran sind.

Am traurigsten ist Braco. Er hat geweint, als er von Miša erzählt hat. ES IST EIN ELEND!

In Liebe, Zlata

Dienstag, 15. Dezember 1992

Dear Mimmy,
in den letzten Tagen war ich ständig mit Mikica und Dačo zusammen. Ich versuche, ihnen zu helfen, den Horror zu vergessen, den sie erlebt haben. Aber das geht nicht. Sie denken die ganze Zeit daran. Sie denken an die Bombenangriffe, an die Zerstörungen, an die Flammen. Sie haben auch alles, was sie hatten, durch die Brände verloren: ihr Spielzeug, ihre Bücher, ihre Fotos, ihre Andenken. Dačo ist vor allem wegen seiner Alf-Sammlung traurig. Und weißt Du, was Mikica ge-

sagt hat? »Wenn ich etwas sehe oder über was rede, sag ich mir: ›Das hab ich ja‹, und sofort fällt mir dann wieder ein: ›Nein, ich hab es nicht, ich hab gar nichts mehr.‹« Es ist einfach zu tragisch. Aber wir können es nicht ändern. Der Krieg hat uns gepackt, er läßt uns nicht mehr los.

Zlata

Freitag, 18. Dezember 1992

Dear Mimmy,
Mama hat heute Biljana Čanković, meine Klavierlehrerin, getroffen. Sie klagt, daß sie ihre Stunden in der Schule geben muß, obwohl keine Schüler mehr kommen. Zu den Stunden hingehen müssen, wenn keine Schüler mehr kommen?

Das wundert mich nicht, denn viele Kinder haben Sarajevo verlassen, und für die, die noch da sind, ist es zu gefährlich, in der Stadt rumzulaufen, denn eh man sich versieht, fallen Bomben und Granaten vom Himmel. Es ist also gut möglich, daß Biljana Čanković ihre Arbeit verliert, weil niemand mehr in ihre Musikstunden kommt. Wie dumm. Einfach lächerlich.

Mama hat ihr gesagt, sie wird nächsten Montag zur Direktorin gehen. Hoffentlich kommt was dabei raus.

Zum Schluß eine sehr gute Nachricht: Mirna kommt mich besuchen und bleibt die Nacht über da.

In Liebe, Zlata

Mittwoch, 23. Dezember 1992

Dear Mimmy,
ich habe Neuigkeiten! Ich geh wieder in meine Musikstunden. Das heißt, nein: Meine Lehrerin wird zu uns kommen, denn es ist zu gefährlich für Kinder, auf die Straße zu gehen. Mirna hat sich auch angemeldet. Wir fangen am Montag an. Ich hab schon richtiges Lampenfieber. Bis dann, ciao!

Deine Zlata

Freitag, 25. Dezember 1992

Dear Mimmy,
es ist Weihnachten. Weihnachten im Krieg. Trotzdem haben die Leute versucht, den Kindern ein schönes Fest zu machen.

Tante Radmila hat mich auf die Liste der Kinder gesetzt, die von der Caritas eingeladen werden. Und so bin ich zu den Fernmeldeingenieuren der UNPROFOR [in der Hauptpost] zur Weihnachtsfeier gefahren. Am komischsten war, daß wir in einem echten Truppentransporter hingebracht worden sind.

Auf dem Weg hab ich aus der Entfernung das Gebäude der Wasserwerke gesehen (zumindest das, was nach dem Brand noch davon übrig ist), das der Elektrizitätswerke (schrecklich, wie verwüstet es ist), das von der Firma UNIS (völlig ausgebrannt), von der Fabrik »Oslobodjenje« (eine Katastrophe) und die alte Tabakmanufaktur (Schutt und Asche). Ich hab meinen

Augen nicht getraut. Sarajevo ist voller Wunden, genauer, es ist kaputt.

Bei der Weihnachtsfeier hab ich Tifa, Goga Magas, fünf Mädchen und einen Jungen gesehen, die schlecht und wie die Anfänger getanzt haben; danach haben sie geraucht. Alma war auch dabei (das ist die, die immer Wauaaa! macht, wenn sie singt) und andere Stars.

Dann wurden Geschenke und Leckereien gebracht. Die Kinder haben sich gegenseitig geschubst und beinahe geprügelt. Ich hab nichts erwischt, denn ich wollte mich nicht darum prügeln. Was soll ich Dir dazu sagen? Ich bin ein braves, »wohlerzogenes« Mädchen. So hab ich halt in den Mond geguckt! Dann haben die französischen Soldaten Lieder gesungen. Das war göttlich. Mittags sind wir abgefahren, und um fünf sind wir zurückgekommen. Es war schon zu spät, um noch nach Hause zu laufen, deshalb hab ich bei Großvater und Großmutter geschlafen.

Jetzt bin ich immer noch bei ihnen. Es ist warm hier. Ich erzähle ihnen alles, was ich gesehen habe. Großmutter macht Palatschinken. Sie schmecken wunderbar! Ciao.

Zlata

Samstag, 26. Dezember 1992

Dear Mimmy,
wir sind zu Tante Radmila gegangen, um das Weihnachtsfest zu feiern. Sie hat es uns schön gemacht, es

gab sooo viele Sachen. Ich hab sogar ein kleines Geschenk bekommen. Danach wollten wir Braco Lajtner besuchen, aber der war nicht da. Wir haben nur Vilma angetroffen (das ist seine Tante, er hat sie für den Winter bei sich aufgenommen) und Tante Micika, seine Nachbarin, die auch die beste Freundin seiner Mutter war. Sie hatte nichts zum Heizen. Deshalb hat sie Braco leid getan, und er hat sie bei sich aufgenommen. Weißt Du, wie alt sie ist? Siebenundachtzig. Aber sie hat sich super gehalten.

Zlata

Montag, 28. Dezember 1992

Dear Mimmy,
in den letzten Tagen bin ich ganz schön vorangekommen! Heute bin ich zu Hause geblieben. Ich hatte meine erste Klavierstunde. Wir haben uns umarmt und ganz fest gedrückt, Biljana Čanković, meine Lehrerin, und ich, seit März hatten wir uns nicht mehr gesehen. Dann haben wir uns an Czerny, Bach, Mozart und Chopin gemacht, eine Etude, eine Fuge, eine Sonate und ein »Stück«. Es war schwer. Aber ich geh ja nicht mehr in die Schule, da kann ich mich ganz hineinknien. Das macht richtig Spaß. Du weißt ja, Mimmy, daß ich schon fünf Jahre in die Musikschule gehe.

Schon ganz lange, Mimmy, haben wir kein Wasser und keinen Strom, ohohoo.

Wenn ich nach draußen gehe, und es wird nicht geschossen, meine ich, der Krieg ist vorbei, aber der gesperrte Strom, das immer wieder abgestellte Wasser, die Dunkelheit, der Winter, der Mangel an Holz und an Lebensmitteln holen mich auf den Boden zurück, und dann merk ich, daß immer noch Krieg ist. Und warum?? Warum können sich diese »Herren da oben« nicht einig werden? Die treiben wirklich ein Spiel. Mit uns.

Ich schreibe Dir hier am Tisch, liebe Mimmy, und dabei kann ich Papa und Mama sehen. Sie lesen. Und wenn sie mal von den Büchern hochgucken, dann grübeln sie. An was denken sie? An die Bücher, die sie gerade lesen, oder versuchen sie, die verstreuten Puzzleteile des Krieges zusammenzuklauben? Aber wenn ich sie so sehe, glaub ich eher, es ist das zweite. Bei unserer Sparbeleuchtung (wir haben keine Kerzen mehr, darum machen wir uns Sparbrenner mit Öl) kommen sie mir immer trauriger vor. Ich schaue Papa an. Was ist er dünn geworden! Die Waage sagt, daß er 25 Kilogramm verloren hat, aber wenn ich ihn so angucke, glaub ich, es ist bestimmt noch mehr. Man könnte sogar glauben, daß seine Brille für sein Gesicht zu groß geworden ist. Mama ist auch viel dünner geworden. Irgendwie sieht sie zusammengefallen aus, der Krieg hat ihr Falten ins Gesicht gemacht. Lieber Gott, was hat dieser Krieg aus meinen Eltern gemacht. Sie sehen gar nicht mehr aus wie mein Vater und meine Mutter. Ob das wohl eines

Tages mal aufhört, ob unser Leid wohl bald aufhört, damit meine Eltern wieder werden, was sie waren – fröhliche, lachende, gepflegte Menschen?

Dieser dämliche Krieg zerstört meine Kindheit, er ruiniert das Leben meiner Eltern. Aber WARUM?! STOP THE WAR! PEACE! I NEED PEACE!

So, jetzt werde ich eine Runde Karten mit ihnen spielen!

In Liebe, Zlata

Mittwoch, 30. Dezember 1992

Dear Mimmy,
morgen abend ist Silvester, wir verlassen das alte Jahr und gehen in ein neues. Überall auf der Welt. Ich lasse die früheren Silvesternächte an mir vorbeiziehen und versuche mir vorzustellen, wie es in dieser Nacht wohl in der normalen Welt zugeht. Aber hier??? In Sarajevo???

In Sarajevo sehnen sich die Leute nach dem neuen Jahr, sie wollen das alte möglichst schnell vergessen, und sie hoffen, daß es ein Jahr des Friedens wird. Das ist der einzige Wunsch, den wir haben. Und wenn es wieder Frieden gibt, dann wird das Jahr schon schön und glücklich. Das wünschen sich die Einwohner von Sarajevo (die unschuldigen). Gerade weil wir unschuldig sind, müßte unser Wunsch erfüllt werden. Wir verdienen es nicht, diese Qual noch weiter erdulden zu müssen.

Freitag. 1. Januar 1993

Dear Mimmy,

EIN GUTES UND GLÜCKLICHES NEUES JAHR!!!

Das neue Jahr soll uns Frieden, Glück und Liebe bringen, Familien und Freunde sollen wieder vereint sein.

Und so haben wir die Silvesternacht verbracht:

Zuerst sind wir (Papa, Mama und ich) gestern morgen zu Melica gegangen, um ihr zum Geburtstag zu gratulieren. Wir haben bei ihr zu Mittag gegessen. Mit einem Neujahrsgeschenk – einem Glas mit eingemachten, geraspelten Karotten – sind wir dann wieder aufgebrochen.

Zu Hause ging Mama dann Wasser holen, und Papa und ich blieben allein. Als Mama wieder oben war, saßen wir ein wenig zusammen, dann machten wir uns belegte Brote. (Mama hat bei der Arbeit ein Päckchen mit Vorräten bekommen, von da stammt die Margarine). Brote mit Margarine, mit Kajmak [quarkähnlicher Brotaufstrich] und mit Pastete. Super! M-Mjam!

Gegen acht Uhr wurden wir etwas müde. Später kam Tante Boda, hat alle aufgerüttelt, und wir trafen uns dann alle bei ihr. Dort haben wir »čurka« [wörtlich: Truthahn, in Wirklichkeit war es Corned beef] und richtigen Emmentaler gegessen. Gegen zehn waren wir alle abgeschlafft, als jemand auf die Idee kam, das Radio einzuschalten. Wir hörten die Gruppe SURREALISTEN. Da sind alle langsam wieder aufgewacht. Irgendwie war es dann plötzlich Mitternacht. Žika hat eine Flasche Champagner aufgemacht (er hatte sie für das Kriegsende aufbewahrt, aber da das nicht kommt, hat er sie heute aufgemacht), und alle haben sich umarmt und geküßt (Großmutter, Žika, Boda, Papa, Mama, Cici und ich). Nedo fehlte, aber er feierte Silvester bei Freunden. Papa und Mama haben mir einen Kamm und eine Haarspange geschenkt, Bobars ein Ei, das Musik macht (innen ist eine Batterie), und »Slime«. Mama bekam etwas Nagellackentferner von den Bobars, und wir haben ihnen ein paar Kartoffeln, Zwiebeln und Sauerkraut geschenkt. Und das war's.

Bis halb zwei Uhr morgens hat es gedauert. Als wir wieder heimkamen, waren wir halbtot vor Müdigkeit. Bis wir zum Schlafen fertig waren, war es schon zwei. Und dann haben wir geschlafen wie die Murmeltiere.

Dir, Mimmy, und allen Einwohnern von Sarajevo wünsche ich noch einmal ein gutes und glückliches neues Jahr.

In Liebe, Zlata

Dienstag, 5. Januar 1993

Dear Mimmy,

heute bekamen wir ein Päckchen von Neda aus Zagreb. Es ist durch die adventistische Kirche gekommen. Da war alles mögliche drin. Wir haben uns sehr gefreut und waren gleichzeitig traurig. Ich hab in Mandarinen, Schokolade und einem Glas »Nutella« geschwelgt.

Tante Irena, die uns im Sommer unterrichtet hat, kümmert sich weiter um uns. Damals hat sie uns ein wenig gute Laune mitgebracht, und jetzt ist es ihr durch die UNICEF gelungen, Thermohosen und Pullover für uns zu bekommen. Heute hat sie mir meine Sachen mitgebracht. Die Hose ist rot und der Pullover rot mit weißen Streifen. Danke, Tante Irena. Danke, UNICEF. Ciao.

Zlata

Mittwoch, 6. Januar 1993

Dear Mimmy,
es ist fürchterlich kalt. Der Winter hat sich in unserer Stadt breitgemacht. Ich, die ich den Winter früher so geliebt und ihn immer ungeduldig erwartet habe, betrachte ihn jetzt als unerwünschten Gast in Sarajevo.

Unsere Pflanzen sind erfroren. Sie standen in den Zimmern, die wir nicht heizen. Wir leben jetzt in der Küche. Wir heizen den Ofen ein, und es gelingt uns, das Thermometer auf 17 Grad klettern zu lassen. Cicko haben wir mit uns genommen. Ich hab Angst, daß er krank wird, denn Vögel vertragen keine Kälte.

Auch die Matratzen haben wir mitgenommen, und wir schlafen in der Küche (ich zähle Dir die Pullover und Trikots nicht auf, die wir über unsere Schlafanzüge ziehen). Jetzt dient uns die Küche als Küche, Wohnzimmer, Schlafzimmer und Bad. Das Waschen ist recht komisch: Eine Plastikplane wird ausgebreitet, ein Eimer ist die Badewanne, ein Krug die Dusche, und die Sache hat sich.

Papa hat sich beim Holzsägen im eiskalten Keller Frostbeulen geholt. Seine Finger sind ganz geschwollen, er muß sie mit einer Salbe einreiben, und es juckt ihn wahnsinnig. Armer Papa.

Morgen geh ich ganz bestimmt zu Großvater und Großmutter. Die heizen mit Gas.

Zlata

Freitag, 8. Januar 1993

Dear Mimmy,
in Genf labern »die drei kriegführenden Parteien«. Ich glaub nicht, daß sie sich einig werden. Ich vertrau keinem mehr.

Wasser, Strom – immer noch nichts.

Mimmy, morgen geh ich zu meiner Klassenlehrerin (sie ist jetzt im Ruhestand) und mache Mathe mit Mirna. Wir haben beide vieles wiederholt, aber ich glaube, wir haben einiges vergessen. Morgen werden wir's ja sehen.

Ebenfalls morgen werden Mama und Tante Ivanka zum »Holiday Inn« gehen, um sich um den slowenischen Flüchtlingskonvoi zu kümmern. Vielleicht brechen wir mit diesem Konvoi auf.

Und jetzt kommt das Allerschönste. Tante Boda hat gestern einen Brief von Maja und Bojana bekommen. JIPPIIE! Ich hab ihn heute gelesen. Es geht ihnen super. Sie wohnen in einer schönen Villa mit 700 Quadratmetern. Sie gehen zur Schule. Sie essen und trinken alle möglichen guten Sachen – Tomaten, »P-P« [Pi-Pi, eine Limonade], Camembert – – – MJAM! Sie denken viel an uns, und sie sind ziemlich traurig.

Zlata

Samstag, 9. Januar 1993

Dear Mimmy,

sie haben den Mann meiner Techniklehrerin auch umgebracht, den Vizepräsidenten der Republik, Hakija Turajlić. Alle sagen, er ist ein wunderbarer Mann gewesen. So eine Gemeinheit!

Die Mathestunde bei meiner Klassenlehrerin war gut. Wir haben drei neue Lektionen durchgenommen: das arithmetische Mittel, Proportional- und Prozentrechnen.

Kein Wasser, kein Strom.

Zlata

Montag, 11. Januar 1993

Dear Mimmy,

es schneit. Ein richtiger Wintertag. Riesige Flocken. Könnte ich wenigstens ein bißchen rausgehen und Schlitten fahren, wenn ich schon nicht in die Jahorina hinauf kann. Aber das ist der Krieg, Zlata! Der Krieg verbietet so was. Man muß zu Hause bleiben, zusehen, wie die Schneeflocken tanzen, und sich damit zufriedengeben. Oder sich im Kopf die früheren Zeiten vorstellen, sich ein wenig schöne Zeit schenken, und dann muß man wieder in die Wirklichkeit des Kriegs zurück.

Ich schau den Leuten beim Wasserschleppen zu. Bitte sehr, dafür werden jetzt die Schlitten benutzt. Unsere sind auf der Jahorina oben geblieben, darum nehmen wir die von Tante Boda.

Gott sei Dank sind wir schon lange nicht mehr im Keller gewesen. Es wird nicht mehr soviel geschossen. Wir wären dort unten erfroren. Vielleicht denken sie ja doch ein wenig an uns??

Zlata

Freitag, 15. Januar 1993

Dear Mimmy,
weißt Du, der Krieg geht weiter. Außerdem bin ich krank. Oje! Gestern hatte ich Halsschmerzen, aber kein Fieber. Abends hab ich mir den Hals mit Salbe eingerieben, und dann tat er nicht mehr weh, aber ich hatte erst 37,5 Grad, dann 38 Grad, dann 38,5 Grad. Und die Mathestunde morgen? SCHNIEF!

Mirna kam mich besuchen. Sie hat Abstand von mir gehalten.

Zlata

Sonntag, 24. Januar 1993

Dear Mimmy,
meine kleine Grippe ist vorbei. Ich konnte gestern zur Mathestunde. Es macht sich.

Schön, Themawechsel. Es gibt wieder Strom. Aber nur für »bevorrechtigte Verbraucher«, und das sind wir nicht. Einer unserer Nachbarn schon. Er zapft Leitungen an und gibt uns Strom. Wir können ein bißchen heizen, fernsehen, den Herd anmachen und Essen kochen. Es geht uns super! Und Wasser gibt es auch. Die Menschen in Sarajevo kann man mit einem Nichts glücklich machen. Ciao.

Zlata

Dienstag, 26. Januar 1993

Dear Mimmy,
gleich gehe ich zu Nejras Geburtstagsfeier. Ich hab meine schwarzen Schuhe angezogen (mit warmen Socken natürlich), meinen roten Rollkragenpullover, darüber eine weiße Bluse, meinen Schottenrock und meinen roten Pulli mit Zopfmuster. Wie Du siehst, hab ich mich in Schale geworfen.

Es war ein schöner Geburtstag. Nejra bekam einen Hasen. Alle Freunde aus dem Stadtviertel waren da.

Mimmy, Du hast gemerkt, daß ich Dir überhaupt nichts mehr vom Krieg und den Angriffen erzähle. Bestimmt deshalb, weil alles jetzt Routine geworden ist. Mir ist nur wichtig, daß die Granaten mindestens fünfzig Meter von uns entfernt einschlagen, daß es Holz gibt, Wasser und natürlich Strom. Ich kann einfach nicht glauben, daß ich mich damit abgefunden habe, aber es sieht fast so aus. Die Routine, der Kampf ums

Überleben, was anderes, ich weiß es nicht. Ciao.
Zlata

Montag, 1. Februar 1993

Dear Mimmy,
jetzt haben wir Februar. Noch drei Tage, dann haben wir volle zehn Monate Hölle, Blut und Terror hinter uns. Heute hat Kenan Geburtstag. Wir können nicht hingehen, weil wieder geschossen wird. Ich dachte, damit wäre Schluß, aber nein, der Krieg geht weiter.
Zlata

Freitag, 5. Februar 1993

Dear Mimmy,
heute haben wir die Geburtstage von Žika und Bojana zusammen gefeiert. (Heute ist der Geburtstag von Bojana, der von Žika war am 2. Februar.) Ich versuche mir vorzustellen, wie der Geburtstag von Bojana Bobar in Österreich war. Bestimmt nicht mit Öllämpchen, Broten mit Corned beef und Fetakäse, Fladenkuchen, Tee, Marzipan mit Mehl und Hurmašice [türkisches Gebäck] nach Kriegsrezept, so wie hier.

Von Maja und Bojana haben wir seit langem nichts gehört. Ich hoffe, es geht ihnen gut. Manchmal übe ich Mathe, manchmal Musik. Mirna freut sich darauf, die fünfte und die sechste Klasse zu Ende zu machen und in die siebte zu kommen. Sie meint, sie fühlt sich dann erwachsener. Was mich betrifft – ich weiß nicht. Ich weiß aber sehr wohl, daß der Krieg uns Jahre unserer Kindheit und unseres Lebens gestohlen hat.

Zusätzlich zu Braco Lajtner kommt auch noch Seka (Bokicas Schwester) zu uns. Sie hat nichts zum Heizen, darum verbringt sie die Zeit mit uns bis in die Nacht, dann geht sie heim. Ein paar Nächte hat sie sogar bei uns geschlafen.

Zlata

Montag, 8. Februar 1993

Dear Mimmy,
Bajo und Goga kommen uns besuchen. Das sind Freunde von uns. Ihre Tochter Tia ist sechzehn. Sie ist in der Tschechoslowakei. Sie sind allein. Manchmal erhalten sie Nachricht durch die Amateurfunker, aber ganz selten bekommen sie einen Brief. Und das macht sie traurig. Ein Brief ist hier was richtig Kostbares, eine große Freude, auch wenn alle Briefe, die wir bekommen, uns zum Weinen bringen. Sie erhalten Pakete von Bajos Bruder in Belgrad, und jedesmal bringen sie etwas für mich und schenken Mama Zigaretten und Kaffee. Das macht ihnen Freude.

Zlata

Freitag, 12. Februar 1993

Dear Mimmy,
wieder kein Strom, nicht einmal für die Bevorrechtigten. Wir sitzen wieder im Dunkeln, man muß wieder

Holz sägen. Gerade hab ich mich darauf gefreut, Tonleitern zu üben, Mozart, Bach und die anderen zu spielen, und jetzt geht das wieder nicht. Im Zimmer, wo das Klavier steht, ist es hundekalt. Ob es wohl wieder »gefährlich« wird??? Hoffentlich nicht!

Mirna war heute da, wir haben Mathe geübt und dann mit unseren Barbiepuppen gespielt.

Zlata

Montag, 15. Februar 1993

Dear Mimmy,
gestern hat Haris Geburtstag gehabt. Es war ganz schön. Eine Menge Leute waren dort. Eigentlich hätte es noch schöner sein können, wenn die »Großen« nicht dauernd über Politik geredet hätten. Mir hängt die Politik zum Hals raus. IGITT!

Die vielen Geburtstage im Februar sind jetzt mit dem von Haris vorbei. Pech. Geburtstage finde ich herrlich, weil sie mich an den Frieden erinnern (natürlich nur, wenn keine Granaten einschlagen).

Deine Zlata

Samstag, 20. Februar 1993

Dear Mimmy,
gestern ist was Bombastisches passiert. Ganz echte Franzosen sind zu uns gekommen. Doch, doch, Franzosen. Echte. Sie haben mich ausgequetscht, sie haben mir einen Haufen Fragen gestellt, und zum Schluß

haben sie gesagt, sie wollen eine Reportage über mich machen. Sie wollen vor dem alten Bibliotheks- und Archivgebäude, dem alten Rathaus (das gebrannt hat) drehen, und ich vor einer Kamera!

Zlata

Dienstag, 23. Februar 1993

Dear Mimmy,
die Reportage ist geplatzt. Es gibt keinen Strom, keine Kameramänner, Filmen geht auch nicht. Also wird's nichts mit mir und dem Rathaus. Ich bin traurig, aber was will man machen. Höhere Gewalt!

Gestern haben Papa und Mama mit Mirnas Eltern gesprochen: Sie wollen sich erkundigen und versuchen, Privatstunden auf die Beine zu stellen. Dann würden Mirna und ich zusammen lernen, und unsere Eltern könnten uns helfen, wenn wir etwas nicht kapieren, und wir würden was Nützliches zu tun haben. Und wir könnten wenigstens die Klasse fertig machen. Aber sie wollen noch mal darüber reden. Zuerst müssen sie in der Schule herausfinden, ob das überhaupt geht. Das mit dem Konvoi klappt nicht. Ich hab irgendwie das Gefühl, daß wir das vergessen müssen. Wir kommen aus Sarajevo nicht mehr raus. Sie lassen uns nicht. Wer sind die »sie«? Bah, ist das wichtig?... Wir werden hierbleiben, und eines Tages wird hoffentlich alles vorbei sein. Vielleicht haben die »Jungs da oben« eines Tages das Spiel satt.

Deine Zlata

Donnerstag, 25. Februar 1993

Dear Mimmy,

wir haben einen Brief von Keka und Neda bekommen. Wieder einmal haben wir heiße Tränen geweint. Denen geht es auch nicht besonders.

Tante Ivanka hat ein Paket aus Belgrad gekriegt, und sie hat mir einen Haufen Sachen gebracht. Schokolade, Schinken (WAU!), ein Päckchen Kartoffelpüree, Zucker, Kaffee, Nudeln. Danke, Tante Ivanka! Tante Radmila hat mir Milchpulver gebracht. Alle denken an mich, das arme Kind, das auf alles Appetit hat. Über eine Hilfsorganisation hab ich drei Briefe von französischen Kindern bekommen. Drei bunte Karten mit Neujahrswünschen, die reichlich verspätet eingetrudelt sind. Sie waren sehr lieb und voller Hoffnung auf Frieden für Sarajevo. In einem der Umschläge waren auch bunte Filzstifte; ich hab sie benützt, um ihnen ganz lieb zu antworten.

Zlata

Montag, 1. März 1993

Dear Mimmy,

der Plan, hier einen Privatunterricht zu organisieren, damit wir die Klasse zu Ende bringen, ist geplatzt. Es geht nicht, weil sie ernsthaft vorhaben, die Schulen wieder zu eröffnen. In die Schule? Aber in meinem Stadtviertel sind sie entweder kaputt, oder man hat Flüchtlinge dort einquartiert. Wo also dann? Sie reden vom Pädagogischen Institut (das ist ganz nah). Es wäre schön, wenn das klappt.

Deine Zlata

Freitag, 5. März 1993

Dear Mimmy,

auf unserer – der linken – Seite der Miljacka gibt es Gas. Also, was kann man tun, um es zu kriegen? Einer unserer Nachbarn, Enver, hat uns geholfen. Er hat einen Gasanschluß, und er hat uns erlaubt, einen Zweitanschluß zu legen. Žika, Avdo und Papa spielten »Gasmann«. Sie installierten einen Brenner in unserem alten Ofen, und jetzt ist es warm. Papa braucht nicht mehr Holz – eigentlich unsere Möbel – zu sägen. Sie haben auch einen Gaskocher angeschlossen, und jetzt kochen wir mit Gas. SUPER! Alles geht viel besser, wir atmen langsam auf. Wir schlafen wieder in einer Ecke im Wohnzimmer, und die Wohnung ist schöner so.

Zlata

Mittwoch, 10. März 1993

Dear Mimmy,

ein furchtbares Problem. Cicko hat nichts mehr zu fressen. Nirgendwo in der Stadt ist Vogelfutter zu finden. Was tun?

Wir kochen ihm Reis, aber den mag er nicht. Tante Ivanka hat ihm Naturreis mitgebracht, davon pickt er ein paar Körner. Gekochte Bohnen rührt er nicht an.

Eigentlich frißt er nur ein wenig Brotkrümel. Wir haben alle alarmiert. Wir wollen ihn retten, unseren Cicko. Er wird uns doch wohl nicht verhungern?!

Heute hat Mama richtiges Vogelfutter mitgebracht, sie hat es von Tante Radmila und einer anderen Bekannten bekommen. Sie haben es ihren geliebten Vögelchen vom Schnabel abgespart. Mimmy, Du hättest Cicko reinhauen sehen sollen! Aber wir trauen uns nicht, ihm zuviel zu geben, wir müssen sparsam sein. Das Futter reicht nur für einige Tage.

Heute abend, als Žika RFI hören kam, brachte er ein Tütchen mit kostbaren Körnern für Cicko mit. Du bist vielleicht ein Glückspilz, Cicko! Siehst du, wie sie alle an dich denken. Und du hast sogar Vorräte. Jetzt besteht keine Gefahr mehr, daß du verhungerst!

Auch die Vögel teilen sich die Nahrung. Die Vögel helfen einander, ganz wie die Menschen. Was bin ich froh! Hau rein, Cicko!

Zlata

Montag, 15. März 1993

Dear Mimmy,

ich bin wieder krank. Der Hals tut mir weh, ich huste und muß niesen. Und bald kommt der Frühling. Der zweite Kriegsfrühling. Ich weiß das aus dem Kalender, denn den Frühling – den seh ich nicht, ich kann ihn nicht sehen, denn ich spüre ihn nicht. Ich sehe nur die armen Unglücklichen, die immer weiter Wasser schleppen, und andere, noch unglücklichere junge Männer, denen ein Arm oder ein Bein fehlt. Das sind die, die das Glück oder das Unglück hatten, nicht getötet zu werden.

Es gibt keine Bäume mehr, die zum Leben erwachen, keine Vögel, der Krieg hat alles kaputtgemacht. Kein Frühlingsgezwitscher. Es gibt nicht einmal mehr Tauben, das Wahrzeichen von Sarajevo. Keine Kinderstimmen, keine Spiele. Die Kinder sind anscheinend keine Kinder mehr. Sie haben ihnen die Kindheit genommen, und ohne Kindheit gibt es keine Kinder. Ich hab den Eindruck, daß Sarajevo langsam stirbt, verschwindet. Das Leben verschwindet. Und wie soll ich da den Frühling spüren, den Frühling, der das Leben weckt; denn hier gibt es kein Leben, hier ist anscheinend alles hinüber.

Ich bin wieder traurig, Mimmy. Aber Du mußt wissen, daß ich das immer häufiger bin. Ich bin traurig, wenn ich vor mich hingrüble, und ich muß grübeln.

Deine Zlata

Freitag, 19. März 1993

Dear Mimmy,
eine Neuigkeit. Nedo hat Arbeit bei der UNPROFOR gefunden. Als Übersetzer für die Beobachter. Gestern ist er vorbeigekommen, mit seinem Helm und seiner kugelsicheren Weste, und so ist er direkt bei uns zur Tür rein. Er hat mir fast Angst eingejagt. Ich wollte sofort

den Helm und die Weste anziehen – Mann, ist das Zeug schwer! Ich konnte fast nicht stehen mit all dem Zeug. Das war die gute Nachricht. Und sonst – nichts Besonderes. DANN EBEN NICHT! Ciao!

Zlata

Donnerstag, 25. März 1993

Dear Mimmy,
Slobo ist schwer krank. Er ist im Krankenhaus. Seit Doda weg ist, geht es ihm gar nicht gut. Der Kummer hat ihn krank gemacht. Der Krieg hat sein Leben ruiniert. Doda ist in Slowenien, Deja in Subotica bei der Mutter. Slobo blieb ganz allein zurück. Heute leistet ihm die Krankheit Gesellschaft. Und sie verläßt ihn nicht mehr. Es ist ernst. Krankheit – damit kenne ich mich nicht aus, außer, wenn man Fieber und Halsschmerzen hat, aber nach dem, was man hört, ist Slobo sehr krank. Papa und Mama sind ihn im Krankenhaus besuchen gegangen. Sie sagen, daß er schlecht aussieht und sich sehr mies fühlt. Es ist sogar von Bestrahlungen die Rede. Es tut mir wirklich leid für Slobo.

Deine Zlata

Samstag, 27. März 1993

Dear Mimmy,
ein Tag nach dem anderen, der März ist auch schon fast vorbei, und am Horizont keine Aussicht auf was Gutes. Wir sind wie festgefahren. Wir versinken im

Schlamm, und keiner streckt die Hand aus, um uns rauszuziehen. Wir stecken im Schlamm und warten. Wenn es wenigstens Flüchtlingskonvois geben würde. Ganz gleich wo, ich würde mich überall besser fühlen als hier. Ich sag Dir ganz ehrlich, Mimmy, ich versteh nicht, warum sie den Menschen nicht erlauben, wegzugehen. Wenn das so weitergeht, werden wir alle sterben oder aber durchdrehen.

Einen kleinen Lichtstrahl gibt es aber doch: Heute hatte ich Besuch. Zwei französische Journalisten. Zwei supernette junge Männer. Und das Tollste: Ich hab die ganze Zeit Englisch mit ihnen geredet.

Sie haben diesen Tag schön gemacht. Und dabei hat er begonnen wie alle anderen, ich hab mich gelangweilt und mich gefragt, wie lange das noch dauern würde. Aber nein, der Tag hat gut aufgehört.

Zlata

Montag, 5. April 1993

Dear Mimmy,
am 31. März bin ich wieder in die Schule gegangen. In der Schule wurden wir aufgeteilt in die Sechs 1 und die Sechs 2. Ich bin in der Sechs 2. Mit Anesa, Nedžla, Nerma und anderen Mädchen, die ich nicht kenne. Es ist nicht so wie früher, aber das ist mir egal. Wichtig ist, daß wir in die Schule gehen und uns weniger langweilen. Wir haben alle Fächer, außer Sport und Technik.

Unsere Klassenlehrerin heißt Vlasta Grabovac. Sie ist SUPER. Der Mathelehrer macht gern Witze, aber ich komme in seinem Unterricht nicht so recht mit, und die Klassenlehrerin muß es mir dann noch mal erklären. Enisa (die Serbokroatischlehrerin) ist nicht schlecht, sie ist jung und in Ordnung. Azra ist die Göttin der Biologie. Branislava (Geschichte, Geographie) erklärt langsam und ruhig, aber bei den Tests ist sie sehr biestig. Marija (Physik) – kein Kommentar. O.K. Vlasta (Englisch) ist, wie gesagt, super. In Zeichnen haben wir eine Lehrerin, die meint, wir wären alle PICASSOS, REMBRANDTS oder VAN GOGHS. Slavica (Musik) kennen wir, (sie hat nicht abgenommen, sie ist bloß grau geworden, und ihre Tönung ist raus).

So, Mimmy, jetzt kennst Du meine Lehrer.

Deine Zlata

Donnerstag, 8. April 1993

Dear Mimmy,

eine schrecklich traurige Nachricht: Unser geliebter Cicko ist tot. Er fiel einfach um, und aus war's. Er war nicht krank. Es kam ganz plötzlich.

Er hat gesungen. Es war ihm nicht mehr kalt. Er hatte es geschafft, den Winter zu überleben, wir haben Futter für ihn gefunden. Und er läßt alles fahren. Vielleicht hat auch er von diesem Krieg die Schnauze voll gehabt. Es kam alles zusammen – der Winter, der Hunger; und jetzt ist er für immer fort. Ich hab geweint, aber Mama war noch trauriger als ich. Er wird uns schrecklich fehlen. Wir haben ihn so liebgehabt, er hat zu unserer Familie gehört. Sieben Jahre hat er bei uns gelebt. Das ist eine lange Zeit. Papa hat ihn in unserem Hof beerdigt. Der Käfig ist leer. Unser Cicko ist tot.

Deine Zlata

Donnerstag, 15. April 1993

Dear Mimmy,
sieben Tage ist Cicko schon nicht mehr da. Er fehlt uns. Er hinterläßt eine große Leere. Ich meine immer, ihn singen zu hören, aber Cicko ist nicht mehr da, er singt nicht mehr. Und das Leben geht weiter.

Ich hab einen Einser in meiner Serbokroatisch-Klassenarbeit, einen Einser in Biologie, zwei Einser in Englisch, zwei Einser in Zeichnen, und ich bin sicher, daß ich im Geschichtstest eine Zwei bekomme.

Von Nedo bekomme ich oft Coca-Cola, Süßigkeiten und sogar meine Lieblingslimonade »Pi-Pi«. Er bringt mir das alles von UNPROFOR mit.

Zlata

Samstag, 17. April 1993

Dear Mimmy,
Seka ist verzweifelt. Wahrscheinlich wird sie aus Bokicas Wohnung rausmüssen. Hier gibt es massenhaft Flüchtlinge, Mimmy, »Obdachlose«, die wegen des Krieges keine Wohnung haben. Sie wurden vertrieben,

Montag, 26. April 1993

Dear Mimmy,
ich muß Dir noch eine traurige Nachricht mitteilen. Bobo ist tot. Der Sohn von Tante Diša. Er wurde in Melicas Garten getötet. Ein Heckenschütze. Es ist zum Verzweifeln. Ein Haufen Leute war in dem Garten, und ihn hat der Heckenschütze als Zielscheibe genommen. So eine Schweinerei! Ein ganz toller Mann. Er hat eine kleine vierjährige Tochter, Ines, die mit ihrer Mutter geflüchtet ist.

Tante Diša ist vor Kummer durchgedreht. Sie wiederholt andauernd: »Vielleicht ist er gar nicht tot. Nein, die irren sich. Mein Sohn kommt wieder.«

Es ist furchtbar, Mimmy, ich kann nicht mehr weiterschreiben.

Deine Zlata

Dienstag, 27. April 1993

Dear Mimmy,
seit gestern haben wir neue Nachbarn. Haris und Alemka (oder Alenka, ich weiß nicht, ob man das mit einem »m« oder einem »n« schreibt). Sie haben gestern geheiratet. Sie sind gekommen, um bei Nedo zu wohnen. Nedo hat sie großzügig in seine Wohnung eingeladen, und jetzt wohnen sie zusammen. Nedo und Haris sind gute Freunde (alle beide Flüchtlinge aus Grbavica). Nedo war ihr Trauzeuge. Die große Familie der Nachbarn wächst.

Heute haben wir ein Paket von Keka bekommen. Darin, wie immer, jede Menge Sachen. Unsere Vorräte sind jetzt ein bißchen aufgestockt. »Milka«, ja, das ist eine Schokolade! Ciao!

Zlata

Mittwoch, 28. April 1993

Dear Mimmy,

wir kommen von Haris und Alenka. Wir waren drüben, wie sich das gehört, um sie kennenzulernen und um ihnen Glück zu wünschen. Man heiratet nur einmal zum erstenmal! Nedo war auch da. Wir waren eine Weile zusammen, aber dann hat es gewaltig gekracht. Anscheinend ist eine Granate auf das Hotel »Belgrad« gefallen und eine andere auf den Kindergarten in der Dalmatinskastraße. Unser verdammter Heckenschütze (wir haben ihn »Jovo«, »Hänschen«, getauft) war heute wieder gut drauf. Er ist wirklich nicht normal, dieser Kerl. Da, gerade hat er wieder geschossen, nur damit wir loshechten. Ciao!

Zlata

Sonntag, 2. Mai 1993

Dear Mimmy,

erinnerst Du Dich an den 2. Mai 1992, den höllischsten Tag in diesem Elendsleben? Ich sag mir oft, daß das bestimmt nicht der schlimmste Tag gewesen ist, aber es war der erste, der allererste richtig schlimme Tag, und darum hab ich ihn als den schlimmsten in Erinnerung behalten. Den Gestank im Keller, den Hunger, die zersplitternden Scheiben, die Panik, als die Granaten explodiert sind – ich krieg das einfach nicht aus meinem Kopf. Zwölf Stunden haben wir damals nichts gegessen und getrunken, aber das Schlimmste war die Angst; in einer Kellerecke zusammengepfercht sitzen müssen, ohne zu wissen, was weiter passieren wird. Ohne zu kapieren, was da geschah. Wenn ich nur daran denke, krieg ich immer noch eine Gänsehaut.

Heute ist das ein Jahr her. Ein Jahr, in dem jeder Tag ein 2. Mai war. Und ich bin immer noch am Leben und gesund, meine Eltern sind am Leben und gesund. Manchmal haben wir Strom, Gas und, sauber rationiert, eine Kleinigkeit zu essen. Also, auf geht's, wir machen weiter. Aber wer weiß bis wann?

Zlata

Montag, 3. Mai 1993

Dear Mimmy,
heute haben Tante Boda und Žika einen Brief von Bojana und Maja bekommen. Es geht ihnen gut, sie essen, sie trinken, sie streiten sich und sie ärgern sich.

Außer in den Briefen haben wir in dem neuen bosnischen Wörterbuch geblättert. Ich weiß nicht, was ich Dir dazu sagen soll, Mimmy. Vielleicht, daß es vollgestopft ist mit Wörtern mit »H«, während das bis jetzt immer Rechtschreibfehler waren. Was will man machen?!

Seit langem hab ich Dir nicht mehr erzählt, was ich gelesen habe. Gut, ich zähle es auf: »Berühmte Seeleute«, »Drei Herzen«, »Ein Funken Leben«, »Briefe von Anna«, »Das nackte Gesicht«, »Der Zorn der Engel«, »Der Club der Fünf«, »Mann, Frau und Kind«, »Das Landesrecht«, »Die Tochter des anderen«, »Ich war drogensüchtig«, »Der Irrtum« und... Ich schaue mir auch oft die Fotos in den Kochbüchern an, das gibt mir manchmal das Gefühl, ich hätte gegessen, was ich gesehen habe.

Zlata

Dienstag, 4. Mai 1993

Dear Mimmy,
ich bin wieder bei der Politik. Es nützt nichts, wenn ich Dir sage, daß diese Teilung in Serben, Kroaten und Moslems dumm, schrecklich und unsinnig ist, und dennoch wird das mit dieser hirnverbrannten Politik genau so kommen. Alle warten, hoffen auf irgendwas... und es geschieht nichts! Die Leute glauben, daß aus dem Vance-Owen-Plan [dem Vorschlag, Bosnien in zehn Gebiete aufzuteilen] auch nichts wird. Jetzt werden die Landkarten hervorgekramt, man zeichnet sie neu, man teilt die Menschen auf – aber niemand wird überhaupt gefragt. Die »Jungs da oben« treiben wirklich ein Spielchen auf unsere Kosten. Menschen wie wir wollen diese Teilung nicht, denn damit wird niemand glücklich, nicht die Serben, nicht die Kroaten, nicht die Moslems.

Doch wer fragt schon Leute wie uns nach ihrer Meinung. Die Politiker fragen nur ihre eigenen Leute.

Deine Zlata

Donnerstag, 6. Mai 1993

Dear Mimmy,
heute war bei uns ganz schön was los.

Ich hab ganz ruhig gelesen, als plötzlich was durchs Zimmer gezischt ist. Weißt Du, was das war, Mimmy? Eine kleine Maus. So klein, daß ich kaum erkannt hab, was es war. Sie ist quer durchs Zimmer und hat sich unter der Bücherwand an der Wand versteckt. Mama hat angefangen zu schreien. Erst ist sie auf einen Stuhl geklettert und dann in mein Zimmer geflüchtet. Wenn sie gekonnt hätte, wäre sie aus dem Haus gerannt, aber... ES IST KRIEG.

Was sollten wir tun? Wir mußten sie fangen. Aber wie? Schnell hab ich Cici geholt (fürs Mäusefangen gibt's nichts Besseres als eine Katze), Papa und Braco haben Werkzeuge genommen, Schraubenzieher und so weiter, und dann haben sie angefangen, die Bücherregale Brett für Brett auseinanderzunehmen. Cici lag auf der Lauer, Papa und Braco holten die Schrauben raus, und ich hab die Bücher aus den Regalen rausgetan. Und Mama? Die hat natürlich in meinem Zimmer abgewartet. Als die Bücherwand auseinandergenommen war, fanden wir ein kleines Loch in der Mauer. Da hindurch war die Maus verschwunden. Wir haben es zugegipst und alles wieder aufgeräumt. Dann haben wir versucht, Mama davon zu überzeugen, daß sie rauskommen und sich in der Wohnung wieder frei bewegen kann.

Mama scheint aber nicht sehr überzeugt, sie ist immer noch ganz verkrampft. Wir haben Cici bei uns aufgenommen. Sie schläft in der Wohnung, das beruhigt Mama ein wenig (hoffe ich zumindest). Die Maus ist verschwunden und wird wahrscheinlich nie mehr auftauchen. Mama glaubt allerdings nicht so recht dran.

Wir dachten, das Problem mit der Maus wär aus der Welt, und da auf einmal hören wir sie kratzen. Sie versucht zurückzukommen. Sie ist total verrückt, kapiert sie denn nicht, daß wir sie nicht haben wollen? Ja natürlich, Mimmy, sie ist nur ein Tier.

Mama dreht durch. Ich muß mir unbedingt was einfallen lassen. Ich werd mit Cici reden, damit sie uns von dieser Maus befreit. Ciao!

Zlata

Samstag, 8. Mai 1993

Dear Mimmy,

als ich heute zur Musikschule ging, hab ich wieder den Markt gesehen. Dort gibt's alles, es fehlt an nichts in Sarajevo. Die Leute verkaufen alles.

Ich hab mich gefragt, woher all die Sachen kommen, und dann ist mir eingefallen, wie ich zum erstenmal die Straßen von Sarajevo im Krieg gesehen hab, ich hab mich an die kaputten und ausgeräumten Geschäfte erinnert. Nein, das kann doch nicht sein, wer hat so was machen können? Wer? Ist ja egal. Es ist nicht schön, Sachen zu stehlen, aber es ist noch schlimmer, sie jetzt gegen starke Devisen zu verkaufen... Und dann erst die Lebensmittel. Und wir haben Hunger und Lust auf alles. Wie willst Du was kaufen, wenn ein Ei 5 DM kostet, Schokolade 20 DM, Kekse 40 DM, Kaffee 120 DM, ich hör lieber auf damit. Wer kann sich so was leisten, jedenfalls nicht Leute wie wir, die einfachen Leute. Na ja, sollen sie ihr Zeug doch behalten... Ich hab ja Nedo, der uns Päckchen bringt. Und die Tante Radmila, die Tante Ivanka, Goga und Baja, Malica, die Tante Boda, Großvater und Großmutter, und... und... und... eine Menge anderer netter Leute.

Dieser Markt, der Schwarzmarkt, den wird's bestimmt nicht mehr lange geben. Die Geschäfte werden bestimmt wieder aufmachen, für die Leute mit wenig Geld. Die einfachen Leute wie wir, Mimmy, die kriegen die humanitäre Hilfe, sie helfen sich gegenseitig, wenn sie ein Päckchen bekommen, und jetzt pflanzen sie Gemüse an, wo und wie sie überhaupt können, um zu überleben. Die Fensterbänke und die Balkone haben sich in Gemüsegärten verwandelt. Statt Blumen wachsen da jetzt Salate, Zwiebeln, Petersilie, Möhren, Mangold, Tomaten und was weiß ich noch. Dort, wo unsere wunderschönen Geranien waren, haben wir Salat, Zwiebeln, Petersilie und Möhren. Was vom Samen übrig war, haben wir Melica gegeben, sie hat einen Garten. Ciao!

Zlata

Freitag, 14. Mai 1993

Dear Mimmy,

ciao! Es ist jetzt zwanzig nach neun am Abend, und ich sitze am Tisch in meinem Zimmer. Die Tür ist offen, und ich höre RFI in der Küche. Dort sind Žika, Boda, Nedo, Haris, Alemka (ich glaube, es wird mit »m« geschrieben), Papa und Mama.

Es ist das erste Mal, daß Haris und Alemka kommen. Sie sind toll. Na klar, es sind ja Freunde von Nedo. Ich hab heute mit ihnen zu Abend gegessen. Ich hab dreieinhalb Panzerotti (die von Boda) und vier Palatschinken (die von Alemka) verdrückt. Jetzt bin ich satt bis oben hin. Ich werde einen Kanister Wasser trinken müssen.

Ansonsten hat die Tante Boda gestern einen Brief von Maja und Bojana bekommen. Es geht ihnen beiden supergut, und sie fühlen sich dort superwohl.

Jetzt eine tolle Neuigkeit! Nedo wird Sarajevo verlassen (nicht lange). Er geht entweder nach Zagreb oder nach Split. Da er für UNPROFOR arbeitet, hat er ein Recht auf Urlaub. Vielleicht wird er seine Freundin besuchen. Das hat er auch verdient.

Im Westen, entschuldige... in der Schule, nichts Neues. Ich hab lauter Einser.

Zlata

Montag, 17. Mai 1993

Dear Mimmy,
bei uns zu Hause passiert ständig was Aufregendes (wir haben keine Ruhe mehr, wegen dieser Maus). Sie macht Krach, dann verschwindet sie für ein paar Tage, dann fängt sie wieder an zu kratzen. Papa hat sich Vogelleim besorgt. Ich hab Angst, daß Mama noch wirklich durchdreht.

Cici kümmert sich kaum noch um die Maus. Weißt Du warum, Mimmy? Sie ist verliebt. Du glaubst mir nicht? Ich schwör's, es stimmt. Heute hab ich vom Fenster aus ihre Romanze mit einem Kater auf dem Dach beobachtet. Der Kater kam, sie haben sich angeschaut, dann sind sie aufeinander zugegangen. Sie haben angefangen, sich zu beschnuppern, das sah aus, als ob sie sich küßten. Dann ging der Kater weg, und Cici blieb dort, ganz durcheinander, und miaute ununterbrochen.

Nedo ist heute weggefahren. Gute Reise, Nedo, und komm bald wieder zu uns! Papa glaubt, daß er nicht wiederkommen wird, aber ich, ich will, daß er zurückkommt, und ich glaub auch, daß er zurückkommen wird.

Deine Zlata

Donnerstag, 20. Mai 1993

Dear Mimmy,
ich hab kürzere Haare. Ganz kurze. Mama betrachtet mich skeptisch. Sie findet, daß ich merkwürdig aussehe. Aber ich gefalle mir. Ich hatte Lust, was zu verändern, ich hatte die Nase voll von allem, also, Mimmy, hab ich mir einen neuen Kopf verpaßt.

Seka wird nun doch die Wohnung räumen müssen. Dieser Tage war Mama bei ihr und hat ihr geholfen, die Sachen von Bokica zu packen. Mama ist sehr traurig, wenn sie nach Hause kommt. Es ist das Leben von Bokica und Srdjan, das sie einpackt, denn diese Sachen sind wirklich ihr Leben. Mama hat ein Fotoalbum und noch einige Kleinigkeiten von ihnen mit zu uns gebracht; und der Rest geht ab in den Keller. Als ob das Schießen wieder anfangen würde. Bokica und Srdjan wissen von nichts. Sie sind in Dubrovnik, und von dort kommen keine Briefe durch, und hinschicken kann man auch nichts. Es ist vielleicht besser, daß sie davon keine Ahnung haben.

Deine Zlata

Dienstag, 25. Mai 1993

Dear Mimmy,
Nedo ist zurück. Siehst Du, Mimmy, ich hatte recht, nicht Papa. Er war in Split mit seiner Freundin, die aus Österreich gekommen ist. Extra für ihn. Er erzählt, daß er sich dort ein wenig verloren gefühlt hat, daß er aber

trotzdem im Meer gebadet hat (das Meer... was ist das, das Meer?) und daß er immer noch schwimmen kann. Er hat sich in die Sonne gelegt (er ist ganz braun), er ist am dalmatinischen Meer auf der Strandpromenade, der Riva, spazierengegangen, er ist in einem Café gewesen und hat allerlei gegessen. Aber er hat uns nicht vergessen. Keinen von uns. Jeder bekam ein kleines Geschenk. Ich hab Strandlatschen gekriegt, zwei Paar Strumpfhosen, die Anna, seine Freundin, extra für mich gekauft hat, »Milka«-Schokolade und eine Tüte Super-Bonbons.

Immerhin, Nedo ist wieder da, wir werden die Kriegssorgen zusammen aushalten können.

Heute haben wir ein für allemal das Problem der Maus gelöst. Sie ist auf den Leim gelaufen und kleben geblieben. Schluß, vorbei, aus mit der Maus. Schluß mit dem Leidensweg von Mama. Wir waren völlig fertig mit diesem Tier.

Cici hat uns liebgewonnen, sie kommt immer öfter zu uns. Aber der Kater nicht, nein, der ist eingebildet; und sie miaut ununterbrochen nach ihm, sie miaut nachts, sie kann nachts nicht schlafen, sie will raus. Nedo und die Tante Boda wollen ihr abends »Apaurin« – eine echte Beruhigungstablette – geben. Damit das Weib sich wieder einkriegt. Meint der Tierarzt.

Zlata

Montag, 31. Mai 1993

Dear Mimmy,

ich bin am Verzweifeln. Ich langweile mich. Ich bin niedergeschlagen. Erstens gibt es keine Schule, weil Bajramfest ist. Zweitens: Auch mit dem bißchen Strom, den wir noch hatten und der vom Nachbarn kam, ist es aus. Also keine Musik, keine Filme, kein Licht mehr. Schon wieder Dunkelheit und nichts als Dunkelheit. Papa hört Nachrichten, die einen nur depressiv machen können. Drittens: Seit Donnerstag haben wir schreckliche Angriffe. Pfff! Gestern von vier Uhr morgens bis zehn Uhr abends. Wie ein richtiger Wolkenbruch. Drei oder vier Granaten pro Minute. Also schon wieder in den Keller. Heute morgen haben sie in den Nachrichten gesagt, daß die UNPROFOR 1100 Granaten und noch ein paar mehr gezählt hat, und Nedo meint, das seien nur 60 Prozent der wahren Zahl, denn UNPROFOR schafft es nur, 60 Prozent der abgeschossenen Granaten zu zählen. Das bedeutet also ungefähr 2000. Ich sag Dir, drei oder vier pro Minute. Deshalb bin ich deprimiert. Fängt es schon wieder an? Entschuldige bitte, ich bin aufgeregt. Sei nicht böse, das geht vorüber.

Zlata

Dienstag, 1. Juni 1993

Dear Mimmy,

ciao! Wie Du siehst, haben wir den 1. Juni. Majas Geburtstag, zum zweitenmal der 1. Juni im Krieg. Gestern war ich sehr schlecht drauf, heute geht's mir ein bißchen besser. Wir haben gerade zu Abend gegessen. Heute gab's zum Frühstück, zu Mittag und zu Abend kalte Küche, denn gestern wurde das Gas abgestellt.

Nach dem Wasser und dem Strom jetzt das Gas. Wir denken schon an Selbstmord. Es ist eine einzige KATASTROPHE. Mimmy, ich kann nicht mehr. Ich hab es so satt. Ich halt diese Abscheulichkeiten, diese ständigen Widerwärtigkeiten nicht mehr aus!. Entschuldige, daß ich mich so aufführe, aber ich kann nicht mehr. Es reicht jetzt wirklich. Ich seh immer mehr kommen, daß ich mich umbringe, wenn die Schwachköpfe dort oben oder hier unten mich nicht schon vorher töten. Ich bin am Ende. Ich könnte BRÜLLEN, ALLES KAPUTTMACHEN, WEINEN. Ich bin auch nur ein Mensch, und auch ich habe Grenzen. Oje, es ist einfach zum Kotzen.

Ich versprech Dir, nächstes Mal werd ich wieder besser drauf sein.

Ich fang gleich an zu weinen, da kullern die Tränen schon.

In Liebe, Zlata

Dienstag, 8. Juni 1993

Dear Mimmy,

Mensch, schon Juni. Mein Gott. Mein Gott. Heute hab ich im Mathetest eine Eins bekommen, ich bin HAPPY. Aber ich muß noch für Biologie büffeln, das macht mich UNHAPPY.

Mimmy, ich geh ein wenig mit den Mädchen aus meiner Klasse aus. Es geht, aber das Wahre ist es nicht.

Nach haufenweise »Apaurin«-Tabletten hat sich Cici beruhigt, aber der Kater, der ist verschwunden. Unverschämter Kerl. Er hat sie verführt und dann fallen lassen. Es ist nicht zu fassen.

Zlata

Donnerstag, 10. Juni

Dear Mimmy,
es ist genau halb zehn Uhr abends. Papa hat gerade die »Deutsche Welle« angemacht. Nejra klimpert auf dem Klavier und singt dabei einen selbst erfundenen Text. Mama ist bei der Arbeit, und ich bin zu Hause. Wie Du siehst, bin ich nicht in der Schule.

Heute morgen, sieben Uhr, Aufstehen. Waschen, Zähneputzen; ich zieh mich an; ich schluck meine Eisen- und Vitamintabletten; und ich geh zur Schule. Aber da waren fast keine Schüler. Von unseren Lehrern sind nur Vlasta da und die Kunstlehrerin, und sie kündigen uns UNTERRICHTSFREI an. Ein Befehl. Fangen die Schießereien schon wieder an? Es ist schulfrei, unterrichtsfrei – nicht mal Musikstunde –, und ich bin wieder daheim. Ich langweile mich. Ich weiß nicht, was ich Dir schreiben soll.

Doch, doch Mimmy, es fällt mir wieder ein! Am Dienstag geschah etwas Unglaubliches. Ich habe ISMAR RESIČ gesehen. Er war damals in der vierten

Klasse in mich verliebt; danach hat er sich ein bißchen »abgekühlt«. In der Klasse saß er genau vor mir und Mirna. Winzig war der damals, Mimmy, kleiner als ich, und jetzt ist er 1,70 Meter (bestimmt) groß. Er ist riesig. Und wenn Du seine Stimme hören würdest - tieeef! Man hört den Stimmbruch durch - bestimmt die Pubertät. Es ist nicht zu fassen. Am Dienstag hab ich nur noch dauernd gesagt: »Nein, hör mal, hast du ihn gesehen?!« und »Wie groß er ist!«

TO UNBELIEVE!

Zlata

Sonntag, 13. Juni 1993

Dear Mimmy,

man hat mir heute fünf Exemplare von DIR gegeben. Ein Teil meiner vertraulichen Geständnisse an Dich ist gedruckt worden, oder besser gesagt, man hat mein Heft fotokopiert. Auf der Titelseite steht mein Bild und auf der Rückseite ein Auge. Es ist nicht schlecht! Aber ich will nicht angeben!

Ach ja, gestern war der Geburtstag von Mikica; ich hab ihr telefonisch gratuliert, denn es wurde schon wieder geschossen.

Cici schläft nicht mehr zu Hause, schon seit ein paar Nächten. Sie ist abgehauen. Sie hat sich für das Liebesleben entschieden. Sie streunt herum.

Zlata

Dienstag, 22. Juni 1993

Dear Mimmy,
heute ist der erste oder der zweite Tag des Sommers, ich weiß nicht genau, wie das gerechnet wird. So schaut mein Leben aus, Mimmy – kein Strom, kein Wasser, kein Gas; eine Schule, die nicht wie eine Schule aussieht, Reis, Makkaroni, ein bißchen Grünzeug aus dem Garten von Melica, ein paar Süßigkeiten, die man mir schenkt, mein Klavier und natürlich Du, Mimmy.

Heute ist Alma und Dado ein kleiner Hund zugelaufen. Er ist ganz süß. Gelb. Mit kleinen weißen Pfötchen. Und einem kleinen, weißen Lätzchen. Weiße Schnauze. Cici ist eifersüchtig, weil er ihren Futternapf ausgeleert hat.

Ich war ganz weg und wollte ihn bei uns aufnehmen, aber das geht nicht. Wir haben selbst nichts zu essen, was sollten wir ihm denn geben? Alma und Dado haben ihn aus dem gleichen Grund auch nicht behalten können. Ciao!

Zlata

Samstag, 26. Juni 1993

Dear Mimmy,
zwei traurige Neuigkeiten. Die erste: Alma und Dodo haben den kleinen Hund nicht behalten, denn es ist ein Zwergpinscher, und Alma möchte einen großen Hund, damit sie mit ihm auf den Straßen herumspazieren kann.

Ich weine ihm nach!

Die zweite schlechte Nachricht: Nedo fährt fort, offiziell nimmt er Urlaub, aber er hat gesagt, er kommt nicht zurück. Daß er sich aus dem Staub macht. Dieser »Lump«. Alle haben ihn gemocht, und er verschwindet einfach so mir nichts, dir nichts. Wenigstens haben wir jetzt jemanden, der uns Pakete und alles Nötige schickt. Aber trotzdem. Ich bin furchtbar traurig, wir haben ihn alle sooo gern gehabt – und er uns –, und nun werden wir für immer getrennt sein. Man ruft mich. Also, ich geh jetzt. NICHTS IST, ZLATA. LOS, WEITER GEHT'S. HEUL BLOSS NICHT.

Deine Zlata

Freitag, 2. Juli 1993

Dear Mimmy,
zwei Neuigkeiten. Eine »riesige« und die andere »so na ja«: Gestern hab ich mir im Treppenhaus von den Bobars den Fuß verstaucht. Ich ging eine Stufe runter und, zack, schon war's passiert! Heute bin ich nicht zur Schule gegangen, denn ich kann mit dem Fuß nicht auftreten, also bin ich liegen geblieben. Ich kann weder gehen noch laufen. Ein Verband und »Lasomil«-Salbe, dann überstehe ich das hoffentlich. Die andere Neuigkeit, die »riesige«: Gestern abend sollte die Vorstellung meines Tagebuches stattfinden. Da aber das Gas abgedreht war, funktionierten leider die Druckmaschinen nicht (siehst Du, das Gas rächt sich), und wir konnten

die Einladungen nicht drucken. Also sage ich es allen: »DIE VORSTELLUNG FÄLLT AUS«.

Ich denke wieder daran, daß Nedo weggeht. Ich sag mir immer wieder: »Nein, er wird nicht weggehen«, dann komme ich wieder zu mir und bin ganz traurig, fürchterlich traurig. Wird er wirklich gehen?

Slobo ist zur weiteren Behandlung nach Subotica gefahren. Vielleicht wird er endlich Doda und Dejan wiederfinden.

Deine Zlata

Mittwoch, 7. Juli 1993

Dear Mimmy,
das mit der Abreise von Nedo, das hat gestimmt. Er ist gestern abend gefahren. Er hat in der letzten Zeit viel gearbeitet, und ich hab ihn nicht oft gesehen.

Er kam gestern abend um acht Uhr, um ein Foto von sich und uns allen zu machen und um uns auf Wiedersehen zu sagen. Eine halbe Stunde nur. Um halb neun hat er einfach gesagt: »Also, meine Lieben, es ist soweit. Laßt euch umarmen!« Küßchen hier, Küßchen da. »Na, na, Fipo, ihr dürft nicht weinen, paßt auf euch auf, paß auch auf dich auf, schreib uns und schick uns Bilder.« Und dann, zack! Er hat die Tür zugeschlagen, Nedo war weg!

Alles hat einen Anfang und ein Ende. Auch die schöne Zeit mit Nedo.

Nach dem »Zack« gab's für mich nur noch »HUHU-

HUHU«. Und um mich herum sagten sie: »Nanana, Fipo, nicht weinen, dort wo er hingeht, ist es besser, denk auch ein bißchen an ihn...« Ja, ich weiß... aber wo ist denn bloß mein Taschentuch geblieben?... Ich weiß schon, aber mir tut es leid, SCHNIEF!

Ich hab mich ein wenig beruhigt, und ich hab nachgedacht. Beim Nachdenken kommen einem die Erinnerungen hoch. »He, hören Sie mal, erinnern Sie sich noch an das eine Mal, als...« – »Ja, Nedo ist wirklich ein prima Kerl«, Nedo dies, Nedo das und so weiter und so fort.

Ich hab riesigen Kummer, ich bin sehr traurig, aber ich glaube, daß es für die Tante Boda am schlimmsten ist. Zuerst gingen Maja und Bojana weg und jetzt Nedo, ihr Sohn. Also, ich weiß nicht, das Ganze ist schon blöd; komm, Mimmy, laß uns sterben. Komm!

In Liebe, Deine Zlata

Samstag, 10. Juli 1993

Dear Mimmy,

Nedo hab ich auch nicht mehr. Alle gehen weg, einer nach dem anderen, und ich bleibe hier. Aber, Mimmy, werd ich eines Tages diese Hölle verlassen? Ich hab die Nase voll. Nach der Abreise von Nedo hab ich festgestellt, daß all meine Freunde fort sind. Ich bin in meinem Zimmer. Cici ist bei mir. Sie hat es sich im Sessel bequem gemacht – sie schläft. Und ich, ich lese alte Briefe. Nur Briefe bleiben mir von meinen Freunden. Wenn ich sie lese, bin ich bei meinen Freunden und glücklich.

»Du fehlst mir, weißt Du, und ich hoffe, wir sehen uns bald wieder. Ansonsten gewöhne ich mich langsam an mein neues Leben. Zlata, paß auf Dich auf und auch auf Deinen Vater und Deine Mutter.

Ich umarme Dich ganz fest,

Deine Mateja.«

»Liebe Fipo,
ich denke viel an Dich, und ich versuche mir vorzustellen, was Du machst, wie Du lebst. Du fehlst mir schrecklich, genauso wie Sarajevo, die schönste Stadt der Welt, die Stadt, in der das Herz der Welt brennt, aber nie ausgelöscht wird. Ich weiß, daß es sehr schwer für Euch ist. Ich kann nur sagen, daß ich Euch liebe und daß Ihr mir fehlt. Ich sende Euch Tausende und nochmals Tausende von Küssen.

Martina und die anderen Flüchtlinge, die sich danach sehnen zurückzukehren.«

»Ich habe zwei Lieder von Dr. Alban: ›It's my life‹ und ›Sing Halleluja‹. Vielleicht habt Ihr sie auch hören können. Maja hatte heute vor, Euch eine Kassette von Mick Jagger, Michael Jackson und Bon Jovi aufzunehmen. Was die Mode betrifft, so gibt's nichts Neues. Meine liebe Fipo, ich würde so gern mit Dir quatschen.

Deine Bojana, die Dich ganz, ganz arg lieb hat.«

»Meine liebe Fipo,
ich schicke Dir diese ›TANTEN‹ [Modelle], damit Du siehst, was in diesem Sommer getragen wird, sündhaft teuer.

Natürlich bringt Dir jede ›Modetante‹ eine Million Küßchen und liebe Worte, damit Du weißt, wie sehr Maja Dich liebt und an Dich denkt.«

»Meine liebe Zlata,
Du bist meine beste Freundin, und Du wirst es immer bleiben. Niemand wird unsere Freundschaft zerstören, nicht mal dieser Krieg. Obwohl Du in Sarajevo bist und ich in Italien, obwohl wir uns seit über einem Jahr nicht gesehen haben, bleibst Du meine beste Freundin.

In Liebe, Oga.«

»Mein liebes Mädchen,
ich schicke Dir diese Blume aus unserem Garten und diesen Schmetterling aus dem Wald; mach davon ein Bild. Wenn ich es könnte, würde ich Dir einen Korb mit Blumen schicken, mit dem ganzen Wald, mit Bäumen, mit unzähligen Vögeln, aber es wird nicht gehen. Mit diesem Schmetterling und mit dieser kleinen roten Blume schicke ich Dir meine ganze Liebe.

Mach Dir keine Sorgen um die Zukunft. Eins mußt Du wissen, für gute Leute werden bestimmt glückliche Tage kommen. Dein Papa, Deine Mama und Du, Ihr seid gute Leute, und Euer Leben wird schön und fröhlich, Ihr werdet glücklich werden.

Keka, die Dich sehr liebt und oft an Dich denkt.«

Siehst Du, meine liebe Mimmy, in ihren Briefen schicken sie mir all ihre Liebe, ihre Sehnsucht, sie schildern mir das normale Leben, legen Gedichte bei, Modefotos, gute Wünsche, daß dieser Wahnsinn aufhört. Wenn ich ihre Briefe lese, muß ich manchmal weinen, so sehr sehne ich mich nach ihnen, ich will das echte Leben, nicht nur Briefe.

Briefe, das ist alles, was Nedo mir jetzt noch schenken kann. Briefe, Briefe, die für mich aber so wichtig sind, und auf die ich so sehnsüchtig warte. Ciao.

Zlata

Dienstag, 13. Juli 1993

Dear Mimmy,
ich bin wieder krank. Ich hab Fieber, ich hab Magen- und Halsweh. Um mich herum Medikamente, das Thermometer. Mein Gott, warum muß ich auch noch krank sein? Ich sehne mich nach Nedo, und ich warte auf den Tag Deiner Vorstellung.

Deine Zlata

Donnerstag, 15. Juli 1993

Dear Mimmy,
heute hab ich erfahren, daß Deine Vorstellung am Samstag stattfindet. Richtig, am Samstag ist die Vorstellung. Und ich bin krank. Wie soll das werden, Mimmy?

Samstag, 17. Juli 1993

Dear Mimmy,
DIE VORSTELLUNG

Da Du nicht bei mir warst (es gab dort nur einen Teil von Dir), muß ich Dir alles erzählen.

Es war toll. Das Mädchen, das durchs Programm führte, hat fast genau wie Linda Evangelista ausgesehen. Sie hat Auszüge von Dir gelesen, Mimmy, mit Klaviermusik im Hintergrund. Die Tante Irena war auch da. Zärtlich und warmherzig wie immer, mit netten Bemerkungen für die Kinder, aber auch für die Erwachsenen.

Es fand im Restaurant »Igel« statt, das voll von wunderbaren Menschen war – alle, die ich liebe, meine Familie, meine Freunde, meine Schulfreundinnen und natürlich DIE NACHBARN, alle waren sie da. Es gab Strom (dank eines Stromaggregates), und alles war viel schöner im Schein der Glühbirnen. Was die Organisation betrifft, liebe Mimmy, so muß man sich bei Gordana Trebinjac vom Internationalen Zentrum für den Frieden bedanken, die alles getan hat, damit das Fest so schön wie möglich wird.

Natürlich waren Kameras da; Fotografen und ein riesiger Blumenstrauß – mit Rosen und Margeriten – uns zu Ehren, Mimmy.

Ganz am Ende hab ich eine Botschaft vorgelesen. Hier, Mimmy, ich schreib sie Dir auf:

»Mit der schrecklichen Gewalt eines Krieges, der mich mit Abscheu erfüllt, versucht man, mich plötzlich und unerwartet vom Ufer des Friedens fortzureißen, vom Glück der wunderbaren Freundschaften, vom Spiel, von der Liebe und den Freunden. Ich bin wie ein Schwimmer, der überhaupt keine Lust hat, ins eiskalte Wasser zu springen, und der doch dazu gezwungen wird. Ich bin fassungslos, traurig, unglücklich, ich habe Angst, und ich frage mich, wohin man mich führen will, ich frage mich, warum man mir den Frieden vom schönen Ufer meiner Kindheit gestohlen hat. Ich war glücklich, jeden neuen Tag zu leben, denn jeder Tag ist für sich schön. Ich war glücklich, die Sonne zu sehen, zu spielen, zu singen, mit einem Wort, ich hatte Freude an meiner Kindheit. Ich wünschte mir nichts anderes. Ich habe immer weniger Kraft, um in diesen eiskalten Gewässern zu schwimmen. Bringen Sie mich bitte an das Ufer meiner Kindheit zurück – dort wo ich es warm hatte, dort wo ich glücklich und zufrieden war –, wie alle Kinder, deren Kindheit man zerstört und die das Recht, mit Freude zu leben, nicht mehr haben.

Das einzige Wort, das ich der ganzen Welt sagen möchte, ist PEACE!«

Bei der Vorstellung war auch JULIO FUENTOS, ein Spanier. Er hat mich auf Kanistern stehend fotografiert (sie waren voller Wasser, dieser so wertvollen Flüssigkeit für die Bewohner von Sarajevo), und die Dame, der sie gehören, ist beinahe verrückt geworden. »Ne-ein, ihr bringt meine Kanister zum Platzen.« Aber nein, sie sind nicht geplatzt.

Im großen und ganzen war es sehr gut. Natürlich, Mimmy, denn es war ja Deine Vorstellung. Ich habe Dich vorgestellt. Du weißt, wie sehr ich Dich liebe. Ich hab Dich mit der ganzen Liebe, die ich für Dich empfinde, vorgestellt.

Als ich am Nachmittag zurückkam, hatte die Tante Radmila einen großen Topf in einem bunten Papier mit einer schönen Schleife mitgebracht. In dem Topf waren Tomaten. Echte. Es ist der schönste »Strauß«, den man mir je geschenkt hat.

In Liebe, Deine Zlata

Freitag, 23. Juli 1993

Dear Mimmy,

seit dem 17. Juli gibt's Leute, die um mich rumwirbeln – Journalisten, Fotografen, Kameraleute, Spanier, Franzosen, Amerikaner, Engländer... Gestern war es ein Team von ABC-NEWS. Sie haben mich als »Persönlichkeit der Woche« fürs amerikanische TV gefilmt. Hörst Du? Ich bin eine Persönlichkeit.

Sie haben mich in meinem Zimmer gefilmt, an meinem Klavier, in unserer Wohnung mit meinen Eltern. Sie haben mit mir geplaudert. Natürlich auf Englisch. Ich will nicht damit angeben, aber sie haben gesagt, daß mein Englisch EXCELLENT ist.

Heute abend wird die Welt mich also sehen. (Und das verdanke ich Dir, Mimmy, weißt Du). Was mich betrifft, ich werd eine Kerze anschauen, denn um mich rum ist alles dunkel. Ich werd mir die Dunkelheit angucken. Kann die Welt die Dunkelheit, die ich sehe, auch sehen? Ich werd mich heute abend nicht im Fernsehen sehen können, also wird die Welt auch wahrscheinlich nicht die Dunkelheit sehen, auf die ich glotze. Wir sind an verschiedenen Enden der Welt. Unsere Leben sind so unterschiedlich. Sie leben im Licht, im Glanz. Und wir in der Dunkelheit.

Deine Zlata

P.S. Cici bekommt Kätzchen. Ich werd Papa und Mama »weichklopfen« müssen, damit ich eins davon behalten darf.

Zlata

Dienstag, 27. Juli 1993

Dear Mimmy,
Journalisten, Fotografen, Radio- und Fernsehteams aus aller Welt (sogar aus Japan). Sie interessieren sich für Dich, Mimmy, und so unterhalten wir uns über Dich und mich. Da ist was los. Aber es ist nett. Und ungewohnt für ein Kriegskind.

Meine Tage sind jetzt ein wenig anders. Sie sind interessanter. Sie machen mich ganz froh. Am Abend, wenn ich ins Bett geh, denk ich an den Tag zurück, der so schön ist, daß ich meine, es sei kein Tag mitten im Krieg gewesen. Und wenn ich so nachdenke, schaffe ich es, leicht einzuschlafen.

Am Morgen, wenn das Quietschen der kleinen Karren, mit denen Wasser geholt wird, mich aufweckt, fällt mir wieder ein, daß Krieg ist, daß ich im Krieg lebe! DIE SCHIESSEREIEN, KEIN WASSER, KEIN STROM, KEIN GAS, KEINE LEBENSMITTEL. Praktisch kein Leben, eben.

Freitag, 30. Juli 1993

Dear Mimmy,
ein Journalist ist gerade weggegangen. Ich bin am Fenster. Es ist heiß. Ich schau den Leuten beim Wasserschleppen zu.

Mimmy, wenn Du sehen könntest, mit was man alles Wasser holen kann. Die Leute versuchen, irgendwie zurechtzukommen, man sieht Karren mit zwei oder drei

Rädern, Handkarren, Schubkarren, Kinderwagen, Bahren, Einkaufskarren, und das allerbeste, Schlitten, die auf Rollschuhen festgeschnallt sind. Und die Geräusche. Räder quietschen ganz verschieden. »Das« ist es, was uns morgens weckt. Es ist traurig und lustig zugleich. Ich denke manchmal, was man alles für Filme in Sarajevo drehen könnte. Es gibt Stoff, um unzählige zu machen.

In Liebe, Deine Zlata

Montag, 2. August 1993

Dear Mimmy,
schon wieder Journalisten, Fotografen und Kameraleute. Sie schreiben, sie fotografieren, sie filmen, und alles geht nach Frankreich, nach Italien, nach Kanada, nach Japan, nach Spanien, nach Amerika. Und Du und ich, Mimmy, wir bleiben weiter zusammen. Wir verbringen unsere Zeit damit, zu warten und, klar doch, Leute zu treffen.

Man vergleicht mich mit Anne Frank. Und das, Mimmy, macht mir angst, ich hab Angst, so wie sie zu enden.

Zlata

Freitag, 6. August 1993

Dear Mimmy,
diese Journalisten haben mich so durcheinandergebracht, daß ich vergessen habe, Dir zu sagen, daß die

Schule aus ist (am 4. Juli). Das sechste Schuljahr ist geschafft. Es war ein Schuljahr im Krieg.

Gestern hat Mirna bei uns geschlafen. Es wurde nicht geschossen, aber es gab weder Strom noch Wasser. Dafür HABEN WIR GAS! YESS!

Das Gas wurde am Nachmittag gegen vier wieder aufgedreht. Jetzt ist es zwanzig vor acht, und wir haben immer noch welches. Was den Strom angeht, so haben wir seit A LONG TIME keinen mehr. Drei Monate ohne Strom, ohne Wasser und ohne Brot.

Versuch ein wenig, Dir vorzustellen, Mimmy, was wir alles machen müssen, um das überhaupt zu packen. Jeder Tag bringt neue Schwierigkeiten.

Die Kerzen und das Licht der Nacht haben die Glühbirnen ersetzt, das Wasser muß man schleppen, ein kleiner Holzofen (was für Holz?) hat den Kochherd ersetzt. Und das Brot?... Das ist DAS Problem. Mehl kann man nur mit Devisen kaufen. Und fürs Backen muß man im ganzen Viertel suchen, bis man einen freien Ofen findet.

CHAOS, HEKTIK, PANIK – den ganzen Tag.

Kannst Du Dir vorstellen, Mimmy, mitten im August Feuer zu machen?

Zlata

Sonntag, 8. August 1993

Dear Mimmy,
heute haben wir einen Brief von Keka, Martina und Mateja bekommen. Was für eine Freude! Wir haben

schön gelacht, aber noch mehr geweint. Es geht ihnen gut. Martina und Mateja werden »groß«, sie leben, sie essen... Ach ja, apropos essen, ich hab Papa, Mama und Mirna heute ganz schön zum Lachen gebracht, als ich ihnen gesagt habe, daß ich Lust habe auf etwas Fettes, Deftiges und Süßes, auf irgendwas Ungesundes, das mir richtig im Magen weh tun würde, damit ich wenigstens weiß, warum ich solche Magenschmerzen hab. Ein riesiges Sandwich zum Beispiel. Aber ein echtes, ein wirklich echtes, lecker!

Mirna schläft noch heute nacht bei uns. Ich hab ihr gesagt, daß es jetzt reicht (hahaha) und daß sie mich langsam nervt (hihihi). Sie muß üben, denn morgen haben wir Klavierunterricht und auch Solfeggio. Und wir haben auch bald Prüfung.

Dienstag, 10. August 1993

Dear Mimmy,
wieder eine sehr, sehr traurige Nachricht. WIR HABEN KEINE KATZE MEHR. Cici ist tot. Es ist schrecklich. Zuerst Cicko und jetzt sie.

Heute bei der Tante Boda hab ich von Gott und der Welt gequasselt, daß ich eine Drei in Solfeggio bekommen habe, auch eine Hose von der Tante Irena, und davon, daß bald die Klavierprüfung sein würde. Dann hab ich sie gefragt, warum sie gestern abend nicht gekommen sind.

(Die Tante Boda): »Es gab da ein Problem...«

(Ich, ahnungslos): »Ach so, was denn?«

(Sie): »Wir haben keine Katze mehr.«

(Ich, total flau im Bauch): »Wa-warum... Cici ist... doch... nicht tot?...«

(Immer noch ich, mit einem Kloß im Hals): »Ich verschwinde jetzt. Ich geh nach Hause. Ich muß heim. Auf Wiedersehen...«

(Und als ich zu Hause war): »SCHLUCHZ! SCHNIEF! SCHNIEF! SCHNIEF! SCHLUCHZ!«

(Papa und Mama gleichzeitig): »Was ist los?«

(Ich): »Cici... Cici... Sie ist tot...«

(Papa, Mama, wieder gleichzeitig): »OOOOHHH!«

Und dann, großes Schluchzen. Das gibt's doch nicht... unsere Katze ist tot. Die süßeste, die liebste, die schönste, die niedlichste, die verschmusteste, die beste, die wunderbarste Katze der Welt. Meine kleine Cici... Jedesmal, wenn ich an sie denke, an sie, die so süß, so kuschelig war, laufen mir die Tränen. Ich weiß, daß schreckliche Dinge passieren, daß die Leute sterben, daß Krieg ist, trotzdem... ich bin schrecklich traurig. Sie hat uns alle erfreut, sie brachte uns zum Lachen, sie hat unseren Alltag verschönert. Meine schöne, gelbe Cici. Meine Freundin.

Haris und Enes haben sie im Hof des Wohnhauses neben Cicko begraben. Sie haben ihr ein kleines Grab aus Dachziegeln gemacht, das hat sie auch verdient.

Ich bin sehr, sehr traurig.

Zlata

Mittwoch, 11. August 1993

Dear Mimmy,
heute ist der erste Tag ohne Cici. Sie fehlt mir so sehr. Alle sind traurig. Wir sprechen von ihr, wir erinnern uns, wie lieb und schön sie war.

Sie sollte ihre Kätzchen bekommen, und sie starb, weil sie es nicht schaffte, sie zur Welt zu bringen. Siehst Du, Cici, dieser blöde Kater, der ist an allem schuld. Ich hatte mich so auf mein eigenes Kätzchen gefreut.

Deine Zlata

Freitag, 13. August 1993

Dear Mimmy,
die Tage vergehen. Die Tage vergehen ohne Cici. Man muß ja weiterleben.

Ich hab heute mein Zeugnis bekommen. Ich werd in die siebte Klasse versetzt. Ich hab überall gute Noten.

Am Montag mach ich wahrscheinlich meine Klavierprüfung. Ich hab schon jetzt Lampenfieber.

Zlata

Sonntag, 15. August 1993

Dear Mimmy,
wir haben einen Brief von Maja, Bojana und Nedo bekommen. Nedo ist jetzt auch in Österreich, in Wien. Sie sind dort alle zusammen. Der Brief ist kurz. Sie denken an uns, genauso wie wir an sie denken.

Eine Neuigkeit: Nedo heiratet am 26. August. Maja wird Trauzeugin sein, wenn ich nur dabei sein könnte.

Deine Zlata

Dienstag, 17. August 1993

Dear Mimmy,

die Journalisten, Fotografen und Kameraleute kommen mich immer noch besuchen. Ich kenne schon viele. Manche kommen schon zum zweiten Mal. Eine Menge Namen, Alexandra, Paul, Ron, Kevin... ich mag sie. Alexandra hat mich heute bei der UNPROFOR fotografiert. Ich war mit Mirina zusammen.

Ich hab vergessen, Dir zu sagen, daß die »Gas-Manie« auch uns angesteckt hat. Wir lassen es legen (ich meine die Leitungen). Aber wird es dann auch welches geben?!

In der Stadt gibt es wieder Strom. Aber die Räuber, die Banditen, die Kriminellen von hier haben das Öl vom Umspannwerk gestohlen; so haben wir praktisch so gut wie nie Strom. Und weißt Du warum? Weil mit dem Öl [statt Diesel] die Autos fahren.

Deine Zlata

Mittwoch, 18. August 1993

Dear Mimmy,

gestern hab ich eine Nachricht gehört, die Optimismus aufkommen läßt: In Genf haben die »Jungs da oben« ein Abkommen über die Entmilitarisierung von Sarajevo unterzeichnet. Was soll ich Dir dazu sagen – daß ich

Hoffnung habe, daß ich Vertrauen habe? Wie könnte ich so etwas sagen? All das, woran ich glaubte, all das, was ich gehofft habe, ist nicht eingetroffen, aber dafür ist alles eingetreten, woran ich nicht geglaubt hatte, und all das, was ich nicht gehofft hatte.

Italienische Journalisten haben mich heute gefragt, was ich über »Sarajevo als offene Stadt« denke. Ich hab ihnen halt irgendwas geantwortet. Aber in Wirklichkeit glaub ich, daß diese »Jungs da oben« ihren Spaß haben, ich habe gar kein Vertrauen mehr zu ihnen, und ich habe vor allem die Nase voll. Das, was ich auf jeden Fall weiß, ist, daß wir weder Strom noch Wasser noch Lebensmittel haben, daß das Töten weitergeht, daß wir keine Kerzen haben, daß der Schwarzmarkt und die Kriminalität gedeihen, daß die Tage immer kürzer werden und daß bald das kommen wird, wovor ganz Sarajevo sich fürchtet – DER WINTER. Wenn ich daran denke, bekomme ich eine Gänsehaut.

Papa und Mama sagen oft »post nubila phoebus«. Das ist lateinisch, Mimmy, und es bedeutet »nach den Wolken kommt die Sonne«. Ja, aber wann endlich?!

Zlata

Donnerstag, 19. August 1993

Dear Mimmy,

Mirna hat heute ihre Klavierprüfung bestanden. Sie hat eine gute Note bekommen – eine Eins. Ich bin bestimmt morgen an der Reihe. Ich muß üben.

Ansonsten ist wieder mal das Gas abgedreht worden. Man munkelt aber, daß es eventuell morgen wieder Strom gibt. Wir werden ja sehen.

Zlata

Samstag, 21. August 1993

Dear Mimmy,

alle haben schlechte Laune. Papa, Mama, Braco, Melica, Großvater, Großmutter... Ich weiß nicht warum, aber alle sind gereizt.

Ich hab Dir doch erzählt, Mimmy, daß Kenan [ein Cousin, der Sohn von Melica] im Krankenhaus liegt. Nein, nein, warte, er ist nicht verletzt, keine Schußwunde. Gelbsucht. Bestimmt vom Wasser, denn sie holen ihr Wasser aus einer Quelle, die wahrscheinlich nicht »sauber« ist. In diesem Teil der Stadt scheint es eine Epidemie zu geben.

Mirna ist gestern gekommen. Ihr geht's auch nicht besonders. Vorgestern bin ich zu Dijana, meiner Cousine, gegangen. Ich hab bei ihr zwei Filme angeschaut: »Purple Rain« und »Frühstück bei Tiffany«. Audrey Hepburn find ich einfach süß. Weißt Du, daß Audrey H. tot ist?... Doch, seit ein oder zwei Monaten, vielleicht ist es auch länger her.

Ich hab gestern meine Klavierprüfung hinter mich gebracht. Und ich hab eine gute Note bekommen, eine Eins. Super!

Die politische Lage ist UNDURCHSICHTIG UND

BESCHEUERT. Vielleicht sind sie alle deswegen so nervös. Diese »Herren da oben« versuchen wieder, was auszuhandeln. Sie zeichnen Karten, sie malen sie mit schönen Farben aus, und ich hab das Gefühl, daß sie einen Strich durch den Menschen ziehen, durch die Kindheit, durch all das Schöne, das Normale. Sie führen sich echt auf wie kleine Kinder.

Keine Briefe. Ich weiß nicht warum, aber seit einigen Tage kriegt hier keiner mehr Post.

Zlata

Donnerstag, 26. August 1993

Dear Mimmy,
heute heiratet Nedo. Doch, doch, unser Nedo. Wie Bojana sagt, hat »sein letztes Stündlein geschlagen«. Von heute an ist er nicht mehr frei, jetzt ist er ein »verheirateter Mann«. Hahaha!

Wir haben zu Ehren seiner Hochzeit eine kleine Feier veranstaltet. Mama hatte eine Torte gebacken (hast Du gehört, eine Torte?), herzförmig. Hübsch! Die Tante Boda und Alemka haben den Rest vorbereitet – na ja, was man halt in diesem Krieg so vorbereiten kann – Sandwiches, kleine Croissants, Pita (ein bißchen Reis, ein bißchen Mangold, das schmeckt sehr gut)...

Wir haben uns bei Tante Boda getroffen. Nedo und Anna waren in Wien. Aber wir haben an sie gedacht und ihnen Glück gewünscht. Wir haben getan, als seien wir bei einer Hochzeit, Mimmy, in einem Leben, wo man immer so tut als ob. Wie immer in Sarajevo. Wir tun so, als ob wir leben würden, es ist ein Spiel, damit alles einfacher wird.

Es ist wirklich ein komisches Gefühl, Mimmy, ich finde es seltsam, daß Nedo heiratet. Die Tante Boda hat eine Glückwunschkarte geschickt, mit allen Namen von den Nachbarn und Freunden aus Sarajevo. Am Schluß hat sie geschrieben: »Und auch im Namen eines kleinen gelben Fräuleins, das nicht mehr ist...« [gemeint ist die Katze]. Es stimmt, sie ist nicht mehr da, aber man wird härter, Mimmy. Dieser Krieg macht uns hart, und allmählich verwinden wir alles, was uns weh tut.

Deine Zlata

Freitag, 27. August 1993

Dear Mimmy,
gestern war die Hochzeit von Nedo. Aber auch die Abreise von Tante Radmila und Onkel Tomo. Für immer. Sie haben Sarajevo für immer verlassen. Seitdem sie keine Wohnung mehr hatten und auch keine Möbel mehr, haben sie in der Wohnung von jemand anderem gewohnt. Sie mußten sie mit anderen Mietern teilen, und da sie seit Kriegsausbruch von ihren Kindern getrennt waren, sind sie weggegangen, um irgendwo ein neues Leben anzufangen und wieder bei ihren Töchtern zu sein.

Mir tut's leid, daß die Tante Radmila weg ist. Sie war so lieb zu mir. Wie oft hat sie mir Süßes geschenkt, Kaugummi, eine Tüte Milchpulver, Obst, lieb und gütig mit mir gesprochen! Ganz abgesehen von ihrem wunderbaren Strauß: die Tomaten im Topf.

Mama ist sehr traurig. Sie verliert nun auch noch Tante Radmila, sie hat nur noch die Tante Ivanka. Und ich hab so ein Gefühl, daß es nicht mehr lange dauert, bis sie und Onkel Mirko auch weggehen. Tja, Mimmy, die Freunde gehen, wir verabschieden uns von ihnen und bleiben zurück. Ciao!

Zlata

Donnerstag, 2. September 1993

Dear Mimmy,
Alexandra (die Fotografin von »Le Figaro«) ist gekommen. Sie kam vorbei, um auf Wiedersehen zu sagen und noch einige Bilder zu machen. Sie war schon öfters da, ich mag sie sehr, wir sind richtige Freundinnen geworden.

Sie kam aus Mostar zurück und war ganz durcheinander. Sie sagt, dort ist es furchtbar. Eigentlich ist nichts mehr übrig von Mostar. Eine so hübsche Stadt gibt es nicht mehr. Alexandra ist deprimiert, nach allem, was sie gesehen hat.

Die Leute sagen, daß das gleiche mit Sarajevo geschehen wird. Mimmy, ich hab Angst. Weißt Du, was heutzutage allein zählt? Die Macht der Gewalt, sie kann alles. Sie kann Menschen, Familien, Städte vernichten. Zum xten Mal frag ich Dich: WARUM? WARUM ICH? WARUM PASSIERT SO WAS???

Alexandra fährt nach Hause. Sie wird ihr friedliches Land, ihre friedliche Stadt, ihre Freunde, ihre Arbeit wiedersehen. Sie kann dort soviel wiederfinden. Und ich?... Mein Land liegt in Schutt und Asche, meine Stadt ist zerstört, meine Freunde sind als Flüchtlinge über die ganze Welt zerstreut... aber zum Glück, Mimmy, hab ich Dich und Deine Zeilen, die die ganze Zeit über geduldig, ohne etwas zu sagen, darauf warten, daß ich sie mit meinen traurigen Geständnissen fülle.

Mit Alexandra hab ich die »Vijećnica«, die Bibliothek im alten Rathaus von Sarajevo besichtigt. Ganze Generationen haben von ihren Reichtümern gezehrt, haben in den unzähligen Büchern geblättert und gelesen. Irgendwann einmal hat jemand gesagt, daß ein Buch wohl der wertvollste und beste Freund ist, den man haben kann. Die »Vijećnica« war eine Fundgrube. Die Menge Freunde, die man dort hatte! All diese Schätze, all die Freunde und das wunderschöne alte Haus, jetzt sind sie für uns verloren. Alles ist vom Feuer zerstört worden.

Die »Vijećnica« ist nur noch eine Grube voller Schutt und Asche. Da und dort findet man noch ein beschriebenes Blatt. Als Andenken an diese Reichtümer hab ich mir ein Stück Ziegel und ein Stück Metall mitgenommen.

Ich hab Alexandra ade gesagt und mir gewünscht, daß wir uns bald wiedersehen werden.

Deine Zlata

Samstag, 4. September 1993

Dear Mimmy,

gestern haben die Kanonen wieder ein bißchen gedonnert. Neulich ist auf unserer Brücke ein Mann von einem Heckenschützen verletzt worden. Prvić hat man den Druckregler für seinen Heizkessel gestohlen. Wir kochen mit Gas (genauer: wir haben eine Leitung, aber das Gas ist abgestellt). Es nervt mich, daß wir keinen Strom haben. Und wie steht's mit Lebensmitteln? Der Winter ist da; sobald der Strom wieder kommt, werden wir die Heizkörper einschalten. Post kommt überhaupt keine mehr, nicht einmal mehr durch die UNPROFOR. Ach ja, noch eins: Samra hat gestern geheiratet. Der glückliche Auserwählte heißt »Zijo« (sein großer Minuspunkt: er hat feuchte Hände!). Mama und ich haben dem »feierlichen Akt der Eheschließung von Kozarić Samra und Pchid Zijad beigewohnt«, wie die Standesbeamtin sich ausgedrückt hat.

Diese Frau hat alles ganz schnell heruntergeleiert, ich bin fast nicht mitgekommen. Danach sind alle ins »Premier« Essen gegangen. Mama und ich sind heimgegangen, zu unserem Mischmasch-Essen, das war nichts Besonderes – aber es hat geschmeckt. So war es, Mimmy!

Deine Zlata

Sonntag, 5. September 1993

Dear Mimmy,

alle Augen und Ohren sind auf Genf gerichtet. Man diskutiert schon wieder, man verhandelt. Ich glaub fast, das hat nie ein Ende. Inzwischen geht die Kindheit vorbei, geht die Jugend vorbei, geht das Leben vorbei. Wir sind die, die zugucken müssen, die das, was sie aushalten müssen, nicht verdient haben.

Wir haben heute erfahren, daß nach Sarajevo keine Post mehr kommt. Wenn was noch schlimmer ist als Wasser-, Gas- und Stromausfall, dann das, daß keine Briefe mehr kommen, die sind doch unsere einzige Verbindung nach draußen. Und genau das ist jetzt passiert. Jetzt langt's!

Žika hat mir heute was Tolles mitgebracht. Eine Apfelsine. Eine echte! »Warte«, hat Mama gesagt, »mal sehen, ob ich noch weiß, wie man eine Apfelsine schält...« Nein, nein... sie hatte es nicht verlernt. Sie hat gewußt wie. Eine saftige Apfelsine. Mmmh!

Vor ein paar Tagen sind wir zu Djoko gegangen (dem Onkel von Bojana und Verica). Wir wollten nachgucken, ob von den beiden noch Schuhe da sind. Meine sind zu klein. Aber nein, ich hab keine gefunden. Es tut sich einfach nichts, liebe Mimmy, aber ich wachse.

Djoko hat uns eine traurige Mitteilung gemacht. Der Zustand von Slobo hat sich noch verschlimmert, und er wurde ins VMA [ein Krankenhaus] nach Belgrad verlegt. Doda und Dejan sind nach Slowenien gefahren. Sie sind schon wieder getrennt. Was für ein trauriges Schicksal. Ciao!

Zlata

Montag, 6. September 1993

Dear Mimmy,
die Schule hat angefangen. Ich bin jetzt in der Siebten. Es gibt neue Fächer, Neues zu lernen, neue Verpflichtungen, die Schultage sind jetzt anders; es ist nicht mehr so wie früher. Das liegt wohl auch am Krieg.

In ein und demselben Klassenzimmer sitzen vier Klassen zusammen. Die erste hat Serbokroatisch, die zweite Biologie, die dritte Englisch und die vierte Chemie. Es ist schrecklich, Mimmy, es macht mich traurig. Ich hab doch eigentlich ein Recht auf eine normale Schule. Meinst Du nicht auch? Was hab ich denn getan, daß mir das nicht zusteht???

Deine Zlata

Mittwoch, 8. September 1993

Dear Mimmy,
heute hab ich einen Brief bekommen. Einen Brief von meinem Freund aus Wien. Ja, von meinem Freund Nedo. Da hab ich mich vielleicht gefreut. Das brauch ich Dir nicht extra zu erzählen, Du weißt schon.

»Meine liebe Fipo,
ich finde es sehr schade, daß ich bei der Vorstellung Deines Tagebuches nicht dabei sein konnte, aber ich habe ein Exemplar, und ich werde es niemandem geben (es sei denn, jemand liest es bei mir).

Ich muß Dir gestehen, daß es auch für mich sehr schwierig war, an jenem Abend wegzugehen. Ich habe ›den starken Mann gespielt‹, aber ich hatte einen Kloß im Hals, ich konnte nicht mehr reden. Ein Teil von mir ist geblieben, er ist mit Euch in Sarajevo. Aber eines Tages, irgendwo, werden wir uns wiedersehen, und wir werden über unsere Nöte lachen, also: Kraft in die Beine und Verstand in den Kopf.

Bleib fit und vernünftig!

In Liebe, Nedo.«

Es ist nur ein Teil aus dem Brief von Nedo, er liegt auf dem Tisch, ich lese ihn immer wieder. Ich lerne ihn auswendig wie alle anderen Briefe auch. So wird auch der Brief von Nedo in meine »Kriegsarchive« einsortiert.

Paul [ein Journalist] war heute da, um sich von mir zu verabschieden. Er fährt nach London. Aber ich war in der Schule, hab ihn also nicht gesehen. Aber er hat gesagt, daß er zum Monatsende wiederkommen wird. Wir werden uns also wiedersehen. Und ich werde mich sehr freuen, denn auch Paul ist für mich zu einem lieben Freund geworden. Ciao, Paul, bis zum nächsten Mal!

Zlata

Donnerstag, 9. September 1993

Dear Mimmy,
heute hat Mama Geburtstag. Ich hab ihr einen riiiiiesigen Kuß gegeben und zu ihr »herzlichen Glückwunsch zum Geburtstag, Mama« gesagt. Ich hatte ihr nichts anderes zu schenken.

Es ist ihr zweiter Geburtstag im Krieg. Meiner kommt auch. Wir haben bald Dezember. Wird es auch ein Geburtstag im Krieg sein? Noch einer???

Deine Zlata

Mittwoch, 15. September 1993

Dear Mimmy,
es geht schon wieder los. Es wird wieder geschossen, und alle sind gereizt. Wir müssen wieder an den Keller denken, wir haben Angst, daß das von vorne losgeht. Ich hoffe inständig, daß das nicht der Fall sein wird. Doch die Hoffnung hat hier nichts zu sagen.

Morgen geh ich in die Skenderija [Stadtteil] bei der UNPROFOR – zum Zahnarzt. Alle Kinder unseres Viertels sind schon dort gewesen, jetzt bin ich dran.

Die Schule! Was bin ich enttäuscht! Es gibt einen Haufen Kinder, die letztes Jahr ein Schuljahr verloren haben. Ich hab wirklich nicht den Eindruck, in der Siebten zu sein. Sondern immer noch in der Fünften, wie im April 92. Die Zeit scheint dort stehengeblieben zu sein.

Die Bücher gehören mir nicht, sie sind auch nicht neu. Manche gehören Bojana, manche Martina, andere gehören Dijana, und den Rest hat mir Mirna gegeben. Die Stifte sind alt, die Hefte halb vollgeschrieben, sie stammen von früheren Schuljahren. Der Krieg hat es sogar geschafft, die Schule und das Leben der Schüler zu verderben.

In der Musikschule bin ich jetzt im sechsten Jahr. Die Lehrerin hat mir gesagt, ich soll jeden Tag üben und »den Popo auf dem Hocker« lassen. Es ist das Abschlußjahr. Das muß man ernst nehmen.

Morgen kommen eine Menge Journalisten, Fotografen und Fernsehteams aus Frankreich nach Sarajevo. Alexandra und Christian sind vielleicht auch dabei. Sie fehlen mir.

Deine Zlata

Freitag, 17. September 1993

Dear Mimmy,
diese »Herren da oben« diskutieren schon wieder, sie unterzeichnen irgendwas. Sie lassen uns in der Hoffnung, daß dieser Wahnsinn bald zu Ende ist. Morgen sollen die Waffen schweigen. Und am 21. September sollen alle am Flughafen von Sarajevo DEN FRIEDEN unterzeichnen. Wird der Krieg vielleicht am ersten Herbsttag vorbei sein???

Ich bin so sehr enttäuscht worden von all den Waffenstillständen und bisherigen Abkommen, daß ich nicht mehr daran glaube. Nein, ich kann noch nicht daran glauben, denn erst heute hat eine Granate einem dreijährigen Jungen das Leben gekostet und seine Mutter und seine Schwester verletzt.

Eins weiß ich jedenfalls, ihr Spielchen hat Sarajevo schon 15000 Tote gebracht, darunter 3000 Kinder, außerdem 50000 lebenslang Behinderte, die man an Stöcken, auf Rollstühlen, ohne Beine, ohne Arme auf der Straße sieht. Ich weiß auch, daß es keinen Platz mehr für neue Opfer auf den Friedhöfen oder in den Parks gibt.

Vielleicht auch deshalb sollte dieser Wahnsinn endlich aufhören.

Deine Zlata

Sonntag, 19. September 1993

Dear Mimmy,
mir geht Sarajevo nicht aus dem Kopf, und je mehr ich daran denke, um so mehr hab ich das Gefühl, daß die Stadt Sarajevo nicht mehr das ist, was sie einmal war. So viele Tote und so viele Verwundete. Zerstörte historische Gebäude. Verschollene Schätze an Büchern und Gemälden. Abgesägte hundertjährige Bäume. So viele Leute, die Sarajevo verlassen haben und nie mehr zurückkehren werden. Es gibt keine Vögel mehr, abgesehen von einem armen Spatz hie und da, der schreit. Eine tote Stadt. Und die Herren des Krieges diskutieren weiter, zeichnen weiterhin Karten, streichen sie durch – wie lange noch, ich weiß es nicht. Bis zum 21. September? Ich glaub nicht dran.

Deine Zlata

Montag, 20. September 1993

Dear Mimmy,
alle Blicke, alle Ohren sind auf das Spiel Krieg – Frieden von morgen gerichtet. Alle Leute warten auf diese historische Begegnung auf dem Flughafen von Sarajevo. Und plötzlich kommt eine unerwartete Nachricht. Die serbischen, kroatischen und die moslemischen Herren des Krieges haben sich auf einem Kriegsschiff in der Adria getroffen. Zu einem neuen Schiffbruch? Fortsetzung folgt!

Deine Zlata

Dienstag, 21. September 1993

Dear Mimmy,
das historische Spiel Krieg – Frieden ist abgesagt worden. Heißt das, daß der Frieden erneut verloren hat? Ich hab ehrlich gesagt die Nase voll von dieser Politik!

Deine Zlata

Mittwoch, 22. September 1993

Dear Mimmy,
auch wenn ich Dir gesagt habe, daß ich mir vom 21. September nicht viel versprochen habe, so gab es doch in meinem Inneren einen kleinen Funken Hoffnung. Aber ich bin enttäuscht worden.

Die Politik macht mir das Leben schwer.

Deine Zlata

Samstag, 25. September 1993

Dear Mimmy,
es gibt wieder Strom, aber er wird rationiert. Die Zuteilung ist total bescheuert, genauso bescheuert wie unser Leben. Alle sechsundfünfzig Stunden bekommen wir für vier Stunden Strom. Wenn Du das sehen würdest, Mimmy, das Chaos, wenn der Strom wieder da ist! Ein Berg schmutziger Wäsche wartet auf die Maschine. Und ein noch höherer Berg gewaschener Wäsche wartet auf das Bügeleisen. Der Staub wartet auf den Sauger. Und dann muß man auch noch ein wenig kochen, Brot backen, und wir würden auch gern ein kleines bißchen fernsehen. Man muß sich die Haare waschen und sie trockenfönen. Nein, es ist einfach nicht zu fassen. Zum Verrücktwerden.

Mama wiederholt mir jedesmal: »Wenn er doch ganz weg wäre. Dann hätten wir überhaupt keinen mehr. So ist es nicht auszuhalten.« Na komm schon..., Mama...

Wasser haben wir öfter.

Was das Brot betrifft, so gibt es wieder Probleme, auch wenn wir Strom haben. Wir haben Anspruch auf 300 Gramm pro Person, alle drei Tage! Lachhaft.

Heute mittag hab ich schön gelacht, als Papa gesagt hat: »Nicht schlecht, unser deutsches Essen.« Du fragst Dich, warum »deutsches Essen«, Mimmy? Es gab Kartoffelsalat mit Zwiebeln, den wir auf dem Markt für die »Reichen« gegen DM gekauft haben. Dazu gab es von einer deutschen Firma Fisch aus der Dose, die wir von der humanitären Hilfe bekommen haben. Also war es ein »deutsches« Essen, oder nicht?

Deine Zlata

Mittwoch, 29. September 1993

Dear Mimmy,
ich habe sehnsüchtig auf den 27. und 28. September 1993 gewartet. Am 27. gab es eine Versammlung der bosnischen Intellektuellen und am 28. die Parlamentssitzung. Mit dem Ergebnis der »Annahme unter Bedingungen« des Genfer Abkommens. UNTER BEDINGUNGEN. Was heißt das? Für mich bedeutet es, daß man diese Abkommen ablehnt, denn es gibt keinen Frieden. Für mich bedeutet es, daß der Krieg andauert und daß auch all das weitergeht, was er mit sich bringt.

Wieder schließt sich der Kreis. Die Kreise, Mimmy, schließen sich immer, und wir, wir ersticken mittendrin. Ich wünschte mir manchmal, es würden mir Flügel wachsen, um aus dieser Hölle wegzufliegen.

Wie Ikarus.

Eine andere Möglichkeit gibt es nicht.

Auch Mama und Papa, Großvater und Großmutter müßten Flügel bekommen... und Du auch, Mimmy.

Aber das geht nicht, der Mensch ist kein Vogel.

Ich muß also weiter aushalten, mit Dir zusammen, Mimmy, und in der Hoffnung, daß es bald vorbei sein wird und daß es mir nicht wie Anne Frank ergehen wird. In der Hoffnung, wieder ein Kind zu sein, das seine Kindheit in Frieden verleben kann.

In Liebe, Deine Zlata

Montag, 4. Oktober 1993

Dear Mimmy,
das Leben im geschlossenen Kreis geht weiter. Du fragst Dich, wie diese Art zu leben aussieht? Es ist ein Leben, das man mit Warten und Angst verbringt, ein Leben, das man in der Hoffnung verbringt, daß der Kreis sich öffnet und daß die Sonne des Friedens wieder scheint.

Als ich heute Klavier spielen wollte, kam Mama in mein Zimmer und hat mir gesagt, daß ich Besuch bekommen hatte. Ich ging ins Wohnzimmer und sah ALEXANDRA. Sie ist heute morgen aus Paris angekommen. Ausgeruht, schön und zufrieden. Ich hab mich gefreut, sie zu sehen. Ich gestehe, daß ich mich nach ihr gesehnt habe, denn sie ist wirklich toll. Also da ist sie wieder in Sarajevo, wir werden uns sehen können.

Zlata

Donnerstag, 7. Oktober 1993

Dear Mimmy,
diese letzten Tage, alles wie immer. Keine Schüsse (Gott sei Dank), ich gehe zur Schule, ich lese, ich spiele Klavier.

Der Winter steht vor der Tür, und wir haben nichts zum Heizen.

Ich schau auf den Kalender, dieses Jahr 1993 scheint ein ganzes Kriegsjahr zu werden. Mein Gott... zwei Jahre damit verloren, Schüsse und Explosionen zu hören, zu leiden unter dem Strom-, Wasser- und Gasmangel und auf den Frieden zu warten.

Ich gucke mir Papa und Mama an. Innerhalb von zwei Jahren sind sie genauso gealtert wie in zehn Friedensjahren. Ich? Ich bin nicht älter geworden, ich bin größer geworden, auch wenn ich mir nicht vorstellen kann wovon. Ich esse kein Obst, kein Gemüse, ich trinke keinen Saft, ich esse kein Fleisch... Ich bin sozusagen ein Reis-, Bohnen- und Spaghettikind. Nein..., ich rede schon wieder von Lebensmitteln! Ich ertappe mich oft dabei, daß ich von Hähnchen, Schnitzel, Pizza und Lasagne träume... Ach, jetzt reicht's, reden wir nicht mehr davon.

Zlata

Dienstag, 12. Oktober 1993

Dear Mimmy,
ich weiß nicht mehr, ob ich es Dir schon erzählt habe, in diesem Sommer habe ich durch die Schule einen Brief an einen unbekannten Freund in Amerika geschickt, an einen Jungen oder ein Mädchen.

Heute hab ich eine Antwort bekommen. Von einem Jungen. Er heißt Brandon, er ist wie ich zwölf Jahre alt und wohnt in Harrisburg in Pennsylvania. Ich bin begeistert.

Ich weiß nicht, wer die Briefe und die Post erfunden hat, aber ich bin ihm dafür sehr dankbar. Ich habe jetzt einen Freund in Amerika, und Brandon hat eine Freundin in Sarajevo. Es ist mein erster Brief, der den Atlantik überquert hat. In dem Brief gab es einen Umschlag für die Antwort und einen schönen Stift.

Heute während des Turnunterrichts kamen ein Team vom kanadischen Fernsehen und eine Journalistin von der »Sunday Times« (Janine). Sie haben mir zwei Pralinen geschenkt. Eine Köstlichkeit. Es ist eine Weile her, daß ich so etwas Leckeres gegessen hatte.

In Liebe, Deine Zlata

Mittwoch, 13. Oktober 1993

Dear Mimmy,
wir haben heute einen Brief von Oga und Jaca aus Italien erhalten. In dem Brief lag ein Foto. Oga ist jetzt wirklich eine junge Frau, und wenn man ihren Brief liest, merkt man, daß sie ernst und reif ist. Ich erkenne sie kaum noch wieder. Als Mama das Bild gesehen hat, ist sie in Tränen ausgebrochen. Wir haben uns über den Brief sehr gefreut. Das Datum ist vom August; er hat lange, sehr lange gebraucht, um hier anzukommen.

Sie haben Dich auch gelesen, Mimmy, ich hab ihnen ein Exemplar geschickt, und sie erzählen, daß sie beim

Lesen geweint und gleichzeitig gelacht haben. Oga schreibt:

»Ich denke oft an uns dort oben auf der Jahorina zurück. Aber heute ist es nur noch eine schöne Erinnerung. Skifahren, Schlittenfahren auf der Straße, Schneeburgen, das Quatschen vor dem Einschlafen, die Geburtstage, die Weihnachtsfeste. Die wunderbaren Erinnerungen an die schönen Stunden, die plötzlich aufgehört haben und die nie mehr wiederkommen werden.

Auf der Jahorina sind alle Häuser geplündert worden, man hat sogar die Lichtschalter abmontiert. Diese Schwachköpfe! Man hätte in diesen Häusern doch Flüchtlinge unterbringen können. Es täte mir sehr weh, das alles jetzt zu sehen. Es bleiben uns nur noch die Erinnerungen.«

Ich hab versucht, mir diese verlassenen Häuser, in denen das Gras wächst, vorzustellen. Ich muß Dir gestehen, Mimmy, daß ich einen Kloß im Hals hatte. Der Krieg hat also Jahorina zerstört und auch die wunderbare Zeit, die wir dort hatten.

Sie laden mich nach Italien ein und sagen, daß ich nicht verdiene, hierzubleiben. Ich wünsche mir das von ganzem Herzen, aber es ist unmöglich. Niemand kann diese verhexte Stadt verlassen.

In letzter Zeit sind die Angriffe seltener geworden; ja, sie haben fast ganz aufgehört, und Papa und Mama denken ununterbrochen über die Zukunft nach. Sie sagen, daß es in dieser Stadt gar keine gibt. So ähnlich denken viele Leute. Aber es ist unmöglich, aus dieser Stadt rauszukommen.

In Liebe, Deine Zlata

Donnerstag, 14. Oktober 1993

Dear Mimmy,
man könnte meinen, daß diese Blödmänner in den Bergen gelesen haben, was ich Dir gestern über die Angriffe geschrieben habe. Sie wollen mir beweisen, daß sie immer noch da sind. Heute haben sie geschossen. Neben dem Markt sind Granaten eingeschlagen, und wir haben kein Lebenszeichen von Großvater und von Großmutter. Die Armen. Diese Bekloppten haben nicht nur mir und den anderen Kindern die Kindheit geklaut, sie haben auch den friedlichen Lebensabend meines Großvaters und meiner Großmutter und der anderen alten Leute zerstört. Sie lassen sie nicht die Zeit, die ihnen noch bleibt, in Frieden verleben. Auch das mußten sie verderben.

Heute gab es keine Schule und auch keine Musikstunde. Man hat uns heimgeschickt, ich werde also den ganzen Tag zu Hause mit Lesen und Klavierspielen verbringen oder Nejra und Haris besuchen. Heute sollte ich zu Mirna gehen; diesen Spaß haben sie mir auch verdorben.

Ich hab Dir noch nicht gesagt, Mimmy, daß Du in

die weite Welt gehen wirst. Man wird Dich in der ganzen Welt veröffentlichen. Ich habe Dich abgegeben, damit Du der Welt erzählst, was ich Dir anvertraut habe.

Ich hab Dir vom Krieg erzählt, von mir, von Sarajevo im Krieg, und die Welt will davon durch unsere Zeilen erfahren. Ich hab Dir anvertraut, was ich empfand, was ich sah und hörte; jetzt werden es die Menschen außerhalb von Sarajevo auch erfahren. Alles Gute für Deine Weltreise, Mimmy,

Deine Zlata

Sonntag, 17. Oktober 1993

Dear Mimmy,
gestern haben uns »unsere Freunde in den Bergen« daran erinnert, daß sie immer noch da sind und daß sie töten, verletzen und zerstören können... Gestern war wirklich ein grauenhafter Tag.

590 Granaten. Von morgens halb fünf an, den ganzen Tag. Sechs Tote, sechsundfünfzig Verletzte. Das ist die Bilanz des gestrigen Tages. Am schlimmsten ist es in Soukbunar [Stadtteil] gewesen. Wir wissen nicht, was mit Melica ist. Angeblich sind die Häuser dort oben zerbombt worden.

Wir sind in den Keller gegangen. Dieser doofe, eiskalte und dunkle Keller, den ich so hasse. Wir waren dort vier volle Stunden. Es donnerte. Alle Nachbarn waren bei uns.

WIEDER! Wieder haben sie unsere Hoffnungen zerstört und ruiniert, alles am Boden zerstört. Es sollte angeblich vorbei sein. Es sollte bald zu Ende sein, alles sollte geregelt werden. DIESER BLÖDE KRIEG SOLLTE ZU ENDE SEIN.

Mein Gott, warum müssen sie denn alles kaputtmachen? Manchmal denk ich bei mir, daß es besser wäre, wenn die Angriffe nicht aufhören würden, damit wir nicht jedesmal aus allen Wolken fallen, wenn sie wieder anfangen. Denn so läßt man sich ein wenig gehen, und dann GEHT ES WIEDER LOS. Jetzt bin ich sicher, daß es nie enden wird. Manche wollen einfach nicht, daß das aufhört, schlechte Menschen, die Kinder und Leute wie uns hassen.

Ich sage mir ununterbrochen, daß wir ganz allein in dieser Hölle sind, daß niemand an uns denkt, daß niemand uns die Hand reicht. Obwohl es Menschen gibt, die an uns denken und sich Sorgen um uns machen.

Gestern kam ein Team vom kanadischen Fernsehen mit Janine, um zu hören, wie wir diese wahnsinnigen Angriffe überstanden haben. Eine schöne Geste. Menschlich.

Und als wir Janine gesehen haben, voll mit Lebensmitteln beladen, da haben wir Rotz und Wasser geheult. Alexandra war auch da.

Es gibt Menschen, die sich um uns kümmern, an uns denken, und es gibt Unmenschen, die uns vernichten wollen. Warum? Ich stelle mir immer wieder die gleiche Frage: Warum?...

Wir haben nichts getan. Wir sind unschuldig. Und wir können nichts tun!

Zlata

Titel der französischen Ausgabe:
»Le journal de Zlata«

Für die deutsche Ausgabe:

Übersetzung aus dem Französischen:
Sabine Schwenk, Düsseldorf; Maria Buchwald, München;
Anneliese von Rudloff-Miglo, St. Augustin;
Brigitte Keller-Dubreuil, Köln
Vergleich mit dem kroatischen Originaltext:
Dubravka Križnjak-Petzke, Höchberg
Textredaktion: Heike Rosbach, Nürnberg
Satz: Bosbach & Siebel Print Media Concept, Lindlar
Gesetzt aus der Rotis Serif
und Rotis Sans Serif (Linotype-Hell)
Druck und Einband: Clausen & Bosse, Leck

Printed in Germany
ISBN 3-7857-0731-2

Dnevnik rad

Jučer je malo krkalo. Neki dan
je ranjen neki čovjek na most
od snajpera. Perviz su ukrali
regulator pritiska iz SETA. Plin nam
je u stanu (cijevi, plina nema). Stru
me sekira. Hrana - ? Zima pravo,
kad dođe struja ukljućićemo TEA p
Pisma uopšte ne dolaze, čak ni pr
UNPROFOR-a. Aaaa, Samra se jučer
udala. Svjetnik je Žijo (MANA: mlitavo
se rukuje). I ja i mama smo
išle da prisustvujemo „svečanom
činu sklapanja braka između Koz
Samre i Pehlić Zijada" što li ne
matičarka. Matičarka je pravo zbrz
da ja nisam ni skontala šta

Dnevnik rada
je bilo. Poslije su svi otišli u
„PREMIER" na ručak, a mama i
a smo otišli kući na „BIĆKURIŠ".
Eto ga, Mimmy, to je to!
Puno pozdrava
Zlata
HA, HA, HAA!
ALLES LIEBE
Halida
SNOOPY
I MUST
EPARE
EAKFAST
R HER
ERY
DAY!
LE PIAF
GIVE PEACE A CHANCE!